AF299335

P. SAINT-MARTIN

DOCTEUR EN DROIT

AVOCAT A LA COUR D'APPEL DE BESANÇON

La Mendicité

à Besançon

PRINCIPALEMENT

AU XVIIIᵉ SIÈCLE

BESANÇON

TYPOGRAPHIE ET LITHOGRAPHIE DODIVERS

87, Grande-Rue et Rue Moncey, 8 bis

—

1910

LA MENDICITÉ A BESANÇON

PRINCIPALEMENT AU XVIIIe SIÈCLE

P. SAINT-MARTIN

DOCTEUR EN DROIT

AVOCAT A LA COUR D'APPEL DE BESANÇON

La Mendicité
à Besançon

PRINCIPALEMENT

AU XVIIIᵉ SIÈCLE

BESANÇON

TYPOGRAPHIE ET LITHOGRAPHIE DODIVERS

87, Grande-Rue et Rue Moncey, 8 bis

—

1910

INTRODUCTION

HISTOIRE DE LA MENDICITÉ. — DIVERS MOYENS EMPLOYÉS POUR LA PROSCRIRE

Il semble nécessaire, au début de cette étude, de savoir quels étaient au xviiiᵉ siècle les individus auxquels s'adressaient les mesures d'assistance. On peut répondre qu'il s'agit des hommes manquant du strict nécessaire aux besoins de la vie.

Mais qu'entend-t-on par ce strict nécessaire? Il est fort diffi- cile d'en donner une exacte définition. Un prêtre de Namur (1), Briatte, essaya de déterminer les caractères distinctifs de la pauvreté. Elle consiste, dit-il : 1° à n'avoir pas une nourriture suffisante ; 2° à n'avoir que des denrées malsaines ; 3° à être misérablement logé ; 4° à n'avoir pas de vêtements. Dans un autre endroit, tâchant d'être plus précis, il énumère les objets dont se compose la nourriture nécessaire : c'est le pain, le sel,

---

(1) Voir BLOCH : *L'Assistance et l'État en France à la veille de la Révolution* page 4.

le beurre, un peu de légumes, de temps en temps des fruits, du laitage, des œufs, quelquefois même du poisson et de la viande ; une boisson autre que l'eau pure dont s'abreuvent ordinairement les animaux.

Comme on le voit, par le vague de cette opinion, on ne peut donner de l'indigence de définition précise, ni établir aucun critérium. Quoi qu'il en soit, le nombre des individus ne pouvant ou ne voulant subvenir à leurs propres besoins a toujours été considérable, et comme la mendicité a été regardée de tout temps comme un pire fléau, tous les états se sont efforcés de la faire disparaître en employant différents moyens.

Les anciens législateurs déjà s'efforcèrent d'atteindre ce but en s'attaquant à la source du mal (1).

Les uns établirent l'égalité de fortune et de condition entre les citoyens, et c'est ainsi que Moïse, Minos, Lycurgue et Romulus ordonnèrent le partage des terres. D'autres rendirent les professions héréditaires dans les familles. D'autres enfin, traînèrent le peuple au travail par l'effrayant appareil des supplices, ou par l'appât séduisant des récompenses.

A l'imitation des anciens législateurs, les rois n'ont cessé de sévir contre les mendiants : les uns les ont bannis ; les autres les ont voués aux galères, aux travaux publics ; d'autres en ont ordonné le transport dans nos colonies, ou les ont entassés dans des dépôts.

Depuis la peine de la « hart » jusqu'à celle des maisons de force, tout a été mis en œuvre ; mais cette multitude de lois, la plupart excessives, cruelles même par la féroce avidité des subalternes, n'en prouve-t-elle pas l'insuffisance ! L'autorité trompée a toujours été éludée et les mendiants sont restés. Ils

____

(1) Discours sur la mendicité par M. Delachaize, page 21.

fuient aux approches de l'orage, et au premier calme ils reparaissent, semblables à ces nuées d'oiseaux voraces qui fondent sur les récoltes; l'explosion d'un coup de fusil peut bien les écarter, mais dès que le bruit est dissipé ils reviennent à la charge plus nombreux encore.

Si la mendicité a été combattue avec tant de rigueur, c'est parce qu'elle est reconnue par tout le monde comme un des plus grands fléaux de l'ordre social, et elle a été signalée dans tous les ouvrages et à toutes les tribunes législatives comme un « fléau redoutable, la lèpre des états, la source de tous les crimes, le dernier degré de la dégradation humaine [1] ».

La mendicité est actuellement un véritable métier, se transmettant de génération en génération, produisant l'oisiveté, la débauche et le crime. Les mendiants forment, pour ainsi dire, dans l'état, un autre état perpétuellement en guerre avec le premier; cherchant à le tromper avec les fraudes les plus coupables, les vagabonds mendient pendant le jour, volent pendant la nuit. Ils ne craignent pas, pour exciter la pitié, de mutiler leurs propres enfants, les envoyant, dès leur plus jeune âge, tendre la main et apprendre ainsi à vivre sans rien faire.

De tous les moyens mis en usage pour bannir l'oisiveté et détruire la mendicité, le plus affreux était celui qui condamnait à mort ceux qui étaient convaincus de vivre dans une fainéantise habituelle.

Amasis, roi d'Egypte, ne permettait à personne d'être inutile à l'État, ni de vivre dans l'oisiveté et la paresse [2]. Il publia une loi par laquelle chaque particulier était tenu d'inscrire son

---

(1) *L'extinction de la mendicité*, par M. LECERF, professeur de Droit civil à la Faculté de Caen, 1840, page 3.

(2) *Projet de bienfaisance et de patriotisme*, par M. DELACHAIZE, page 11.

nom et sa demeure sur un registre public qui demeurait entre les mains du magistrat, d'y marquer sa profession et de déclarer d'où il tirait de quoi vivre ; s'il énonçait faux, la peine de mort s'ensuivait.

Lycurgue voulant rétablir dans la république l'égalité, la paix et le bon ordre, conçut et exécuta le hardi projet de faire un nouveau partage des terres ; il divisa celle de la Laconie en trente mille parts qu'il distribua aux habitants de la campagne ; et il fit neuf mille parts du territoire de Sparte qu'il distribua à autant de citoyens. Il voulut bannir par là de son gouvernement l'indigence et les excessives richesses. Avant ce partage, la plupart des habitants du pays étaient si pauvres qu'ils n'avaient pas un seul pouce de terre, et tous les biens se trouvaient entre les mains d'un petit nombre de particuliers.

Les Lucaniens, les Nabathéens, les Corinthiens et plusieurs autres peuples se contentaient de châtier et de bannir de leur pays, les oisifs et les vagabonds.

« Il n'y aura point dans notre état de mendiants, ni de vagabonds, dit Platon, et si quelqu'un prend ce métier, les gouverneurs de province le feront sortir du pays. »

Les Romains condamnaient les mendiants de profession à un esclavage perpétuel.

Les anciens Romains établirent pour une première fonction de leur censeur, de veiller sur les mendiants et les vagabonds, et de faire rendre compte aux citoyens de leur temps. Ils se persuadaient que c'était mal placer la libéralité que de l'exercer envers des mendiants capables de gagner leur vie. Les lois romaines portaient qu'il valait mieux laisser périr de faim les vagabonds, que de les entretenir dans leur fainéantise.

La République de Lucques proscrit les mendiants pour trois ans, et leur défend, sous peine de la vie, de rentrer dans son ressort avant le terme expiré.

Chez les anciens législateurs, les pauvres étaient considérés comme des parias, des êtres dangereux, desquels il fallait se débarrasser à tout prix.

Mais, sous l'influence de l'Eglise, qui avait assuré une tutelle aux indigents, le pauvre va être considéré comme un malheureux auquel on doit l'aumône et qu'il faut secourir pour faire son salut. C'est ce qui explique le très petit nombre de mesures prises contre les mendiants et les vagabonds avant le xive siècle. Cependant, signalons les mesures prises à leur égard par Charlemagne et Saint-Louis [1].

Charlemagne défendit la mendicité et le vagabondage. Deux ordonnances furent rendues par Saint-Louis contre les mendiants et les vagabonds. La première interdit la mendicité sous peine de prison : « Item, mandons à tous nos juges qu'ils advisent et facent adviser les caymans et caymandes qui ne sont point impotens, mais ont puissance de gagner leur vie et aussi gens vagabonds et oyseux, qu'ils les facent labourer et ne les souffrent point caymander, aller, ny venir par les églises et empescher les services divins et aussi les bonnes gens à leur dévotion. »

La seconde vise plus spécialement les vagabonds. La première mesure législative prise contre les mendiants fut l'ordonnance du roi Jean, du 30 janvier 1350. Elle visait tous les gens [2] oisifs, mendiants, joueurs de dés pouvant travailler et leur enjoignait de quitter la ville, prévôté et vicomté de Paris, dans le délai de trois jours après sa publication. Ce délai expiré, tous ceux qui étaient trouvés mendiant sur la voie publique,

---

(1) Paultre. *De la répression de la mendicité et du vagabondage en France sous l'ancien régime.* page 17.
(2) *Id.*, page 19.

étaient conduits en prison pour quatre jours et nourris au pain et à l'eau; si à leur sortie de prison, ils étaient trouvés à nouveau vagabondant et sans métier, ils étaient mis au pilori; en cas de deuxième récidive, ils étaient marqués au front d'un fer chaud et bannis de la prévôté et vicomté. Il était interdit aux curés de faire l'aumône aux mendiants, et aux établissements charitables de les héberger. Cette ordonnance est complètée par celle de 1354. Dans celle-ci, les peines sont dirigées surtout contre les ouvriers qui demandaient des salaires trop élevés.

Une ordonnance du 25 mai 1413 constate que les pauvres sont en grand nombre et leur ordonne d'aller travailler à la campagne où les ouvriers font défaut.

Une ordonnance rendue à Moulins en 1571 [1] portait dans un de ses articles : « que les pauvres de chacune des villes, bourgs et villages seraient nourris et entretenus par ceux de la ville, bourg ou village dont ils étaient natifs ou habitants; il leur était défendu de vaquer, ni de demander l'aumône ailleurs qu'au lieu duquel ils étaient; et à ces fins étaient les habitants tenus de contribuer à la nourriture des dits pauvres, selon leurs facultés, à la diligence des maires, échevins, conseillers et marguilliers des paroisses ».

Le nombre des pauvres réfugiés à Paris devint si grand qu'ils y causèrent enfin, par l'infection qu'ils y apportèrent, la plus violente contagion qui s'y fût sentie depuis plusieurs siècles.

Sur les représentations du procureur général, le parlement rendit le 29 août 1594 [2] un arrêt qui fit: « injonctions très expresses à tous vagabonds, gens sans maîtres et sans aveu, et à tous pauvres valides, qui n'étaient pas de Paris, d'en sortir dans

(1) *Dictionnaire encyclopédique* de LE BAS, mot : Paupérisme.
(2) *Idem.*

les vingt-quatre heures et de se retirer chacun au lieu de sa naissance, à peine d'être pendus et étranglés sans forme ni figure de procès ; et ordonnait, afin qu'ils fussent reconnus, qu'ils fussent rasés et que, pour empêcher qu'ils ne revinssent ou qu'il n'en revînt d'autres à Paris, il serait commis des archers à chacune des portes de la ville ».

Le seize novembre 1622, le parlement de Normandie, pour faire cesser une contagion qui régnait à Rouen, ordonna que les habitants de chaque paroisse, des villes, bourgs et villages de la province, nourriraient leurs pauvres ; fit défense à tout pauvre valide ou invalide de vaquer et de mendier par la ville, dans les églises, les rues et places publiques, ou les maisons particulières à peine de punition corporelle, et leur enjoignit de sortir de la ville dans les vingt-quatre heures.

Le petit nombre de lois contre la mendicité, les peines légères et souvent vagues édictées par la plupart des ordonnances rendues sur cette matière semblent montrer que la mendicité et le vagabondage ne constituaient pas encore un délit [1]. Et pourtant le développement de la mendicité et du vagabondage était considérable aux XIVe et XVe siècles, et cela tenait à l'intensité singulière de la vie des routes [2]. Les colporteurs, les merciers promenaient leurs balles de village en village ; les pèlerins se rendant à de nombreux lieux de pèlerinages, surtout à Saint-Jacques vivaient d'aumônes ; les frères mendiants, les prêcheurs de toute espèce allaient de ville en ville ; les clercs se rendaient de couvent à couvent, apportant les nouvelles ; les étudiants rejoignaient les universités. Puis on rencontrait sur les routes, des jongleurs, des diseurs de contes, des marchands

---

[1] PAULTRE, *La répression de la mendicité et du vagabondage en France sous l'ancien régime*, page 23.

[2] PAULTRE. *Id.*, page 1.

d'animaux ; des soldats en congé ou rejoignant une armée encombraient les chemins, côtoyant une multitude de mendiants, pendant que des bandes de voleurs côtoyaient les bois voisins.

La mendicité à cette période était donc développée d'une façon intense ; le mendiant était devenu un professionnel. Et si la mendicité n'est pas considérée par les lois comme un délit, en fait c'en est un et qui constitue un mal social considérable.

Dans l'histoire de la charité, le xvie siècle forme une période critique. Les traditions et les institutions du moyen-âge entrent alors dans une voie de transformation d'où sortira ce qu'on a appelé le droit moderne des pauvres [1].

A cette époque, les municipalités commencent à considérer le pauvre comme un être dangereux, quand bien même le sentiment populaire qui n'a pas changé pense toujours que secourir le pauvre c'est plaire à Dieu.

Ces sentiments des municipalités viennent surtout du nombre toujours croissant des pauvres et des vagabonds. Cela tient d'un côté à l'oisiveté des gens et ensuite à ce que, les grandes guerres étant finies, quantité de gens ne connaissant que le métier des armes et ne pouvant se faire enrôler ne vivaient plus que de mendicité.

Enfin nous pensons que des mesures sévères furent prises contre les pauvres parce que ceux-ci amenaient souvent avec eux de graves épidémies.

Pour toutes ces raisons, à partir de cette époque, on va s'occuper sérieusement des pauvres. D'importantes ordonnances royales furent publiées ; les municipalités prirent dans chaque ville, des mesures souvent sévères contre les mauvais pauvres tout en s'efforçant de secourir les malheureux dignes d'intérêt.

____

(1) BLOCH. *L'Assistance et l'État en France à la veille de la Révolution,* page 39.

Nous voyons des constructions d'hôpitaux ; la réclusion pour les pauvres que l'on fait travailler ; les créations d'aumônes générales. Ce sont ces différentes mesures que nous allons étudier en détail dans la ville de Besançon et principalement au xviiie siècle.

La tentative la plus considérable et de beaucoup la plus importante faite pour combattre la mendicité et en même temps secourir les pauvres intéressants, à Besançon, fut certainement la création du bureau de l'Aumône générale dont l'existence remonte officiellement à 1712.

Mais avant cette époque, des établissements de charité, venaient déjà en aide aux pauvres ; des secours étaient organisés dans chaque paroisse. Enfin, des décisions municipales et des ordonnances royales s'efforçaient déjà de combattre, par toutes sortes de moyens, le fléau de la mendicité. Nous verrons les divers établissements de charité qui existaient avant la fondation de l'Aumône générale, établissements qui ont continué à subsister en même temps qu'elle. Nous examinerons donc pour mettre plus de clarté dans ce travail, quels ont été les moyens employés pour secourir les pauvres réellement dignes d'intérêt et les différentes mesures prises pour arriver à anéantir la mendicité, jusqu'à la fondation du bureau de l'Aumône générale en 1712. Nous verrons ensuite, quel fut le but de la fondation de l'Aumône générale, comment fonctionnait cet important établissement de charité, puis les différentes mesures prises à cette époque contre les mendiants.

Enfin, nous aurons à parler des ateliers de charité qui furent le complément indispensable de l'Aumône générale et de leur réglementation.

Chapitre premier

CAUSES PRINCIPALES DE LA MENDICITÉ

Les causes de la misère et de la mendicité sont extrêmement nombreuses. Il y en a de générales que l'on retrouve partout et dans tous les pays et il y en a de particulières à chaque pays qui tiennent surtout aux professions exercées par les habitants. Nous n'avons pas la prétention d'énumérer toutes les causes de la misère. Nous nous bornerons à citer les principales causes de mendicité que l'on retrouve partout et celles particulières à la ville de Besançon.

Parmi les causes générales de la misère, la principale est sans contredit ce penchant à l'oisiveté qui est l'apanage d'un nombre considérable d'individus qui seraient parfaitement en état de gagner leur vie par leur travail. Prenons un ouvrier qui, momentanément, se trouve inoccupé. Peut-être ne fera-t-il pas tout le nécessaire pour se procurer du travail. Il reste oisif, devient paresseux et, petit à petit, il tombe dans la misère. Il commence par envoyer ses enfants mendier, puis lui-même va tendre la main et le voilà familiarisé avec une situation qu'il redoutait d'abord. C'est un mendiant de plus et ses enfants ne pourront mieux faire que de suivre l'exemple paternel.

A cette cause, on peut dire volontaire, de misère et de pauvreté, il en est d'autres qui proviennent d'événements extérieurs que l'on ne pouvait prévoir.

Autrefois, les guerres qui, dans les temps de barbarie, consistaient surtout à ravager et à incendier les pays, étaient de grandes causes de misère et actuellement encore, après une guerre, le nombre des pauvres, surtout à la campagne, se trouve augmenté dans des proportions considérables.

Une autre cause de misère était encore la famine qui sévissait si fréquemment et si cruellement et dont certaines apparitions sont restées tristement célèbres. En 588 sous Clotaire II [1] il y eut en France une si grande famine que le boisseau d'avoine se vendait le tiers d'une livre d'or ce qui ferait plus de 100 fr. de nos jours. Dans cette extrémité, le pauvre peuple faisait sécher des pépins de raisins, des fleurs d'aveline et des racines de bruyère, les pulvérisait et y mêlait un peu de farine pour en faire du pain ; d'autres mangeaient des racines qu'ils allaient chercher dans les prés et dans les bois ; enfin, un grand nombre mouraient de faim et se vendaient à qui voulait les nourrir.

A la suite des guerres que Charlemagne fit aux Sarazins et aux Saxons, la disette devint si grande et le nombre des pauvres s'augmenta tellement que ce prince fut obligé de publier des règlements pour forcer les seigneurs et les abbés à payer un certain tribut destiné à la subsistance des pauvres. Il ordonna à tous ceux qui tenaient de lui des terres à titre de bénéfice de pourvoir autant que faire se pourrait aux besoins des habitants de ces terres en sorte qu'aucun d'eux ne mourût de faim.

En 1693 à Paris la disette fut si grande que le roi Louis XIV fit distribuer dans la ville cent mille livres de pain par jour.

Besançon eut également à souffrir de la famine par suite du manque ou de la cherté excessive du blé et des grains.

---

(1) *Dictionnaire encyclopédique* de LE BAS ; mot : Famine.

En 1543 le blé manqua complètement. Il fallut le faire venir d'Alsace [1]. L'année suivante le blé augmenta dans des proportions considérables ; les vivres devinrent d'une cherté excessive [2], d'un autre côté les accapareurs provoquaient aussi la famine et le conseil municipal dut prendre contre eux des mesures sévères [3].

Il faut mettre en second lieu au rang des causes sans cesse renaissantes et malheureusement nécessaires de l'indigence, les divers cas où l'homme est empêché de se procurer sa subsistance par le travail. De cette espèce, sont l'enfance, la vieillesse, les maladies et toutes sortes d'infirmités qui affligent l'espèce humaine depuis la naissance jusqu'à la décrépitude. Et il faut ajouter malheureusement le grand nombre d'enfants. Le paysan, l'ouvrier qui vivent au jour le jour se voient malgré leur courage et leur travail plongés dans la misère s'ils ont beaucoup d'enfants, car l'Etat ne fait rien pour leur venir en aide.

Telles sont les principales causes de misère et de pauvreté que nous trouvons partout.

A ces causes générales de misère qui sévissaient à Besançon, il y avait lieu d'ajouter un certain nombre de causes particulières à cette ville et qui tenaient principalement aux métiers et professions exercés par un grand nombre de ses habitants.

En effet, comment était composée la population de la ville de Besançon ? Autour d'un nombre relativement restreint d'habitants exerçant des professions libérales ou lucratives les mettant à l'abri du besoin, le reste des habitants était surtout

---

(1) *Histoire municipale de Besançon*, par CASTAN, page 41, registre 23.
(2) Décisions municipales. Registre 23.
(3) Id. Reg. 23.

composé de journaliers, petits cultivateurs, jardiniers et surtout vignerons.

Tous ces gens-là vivaient au jour le jour du produit de leur travail, et si les saisons se faisaient mal, si le froid durait trop longtemps ils se trouvaient réduits soit à la pauvreté, soit même à la plus extrême misère.

Fréquemment, les pluies continuelles, la grêle, le mauvais temps, détruisaient et enlevaient d'un seul coup, l'espérance des cultivateurs [1].

Les vignerons surtout étaient à plaindre, car la récolte de la vigne était leur seule ressource et si elle venait à manquer, une quantité considérable de familles se trouvait par là même réduite à la misère ; c'est ainsi qu'en 1573, après trois jours de neige, une forte gelée survenue le 21 avril au matin « a cuyt tout entièrement les bourgeons des vignes partout le territoire [2] ».

En 1491, la récolte des vignes fut complètement détruite par trois gelées consécutives survenues les 2, 3 et 4 mai [3].

En 1739, le conseil municipal de Besançon constate que parmi les habitants de la ville, il y a 3.000 vignerons dont le vin forme la seule richesse et l'unique bien [4]. Aussi, on voit prendre des mesures exceptionnelles chaque fois que la grêle ou la rigueur de l'hiver menacent de détruire les vignes. On a recours à saint Prothade pour le supplier d'épargner les vignes et on organise en son honneur des processions solennelles auxquelles prennent part tous les vignerons.

---

(1) Décisions municipales Registre 33.
(2) Id. Reg. 34.
(3) Id. Reg. 9.
(4) Id. Reg. 152.

Un certain nombre d'habitants vivaient également du produit des récoltes et à ce sujet on constate que continuellement on organisait des prières publiques afin de voir les récoltes épargnées. A la suite d'années stériles, un assez grand nombre de petits cultivateurs vinrent s'établir dans la ville de Besançon, espérant y trouver du travail. Quelques-uns d'entre eux réussirent, d'autres ne trouvèrent point d'occupation et durent accepter les secours de la charité publique.

De ces différents faits, le nombre des pauvres variait à Besançon d'une année à l'autre dans de notables proportions. Si les récoltes étaient favorables, si les vignes avaient prospéré, les pauvres étaient peu nombreux. Si, au contraire, le temps avait été défavorable, quantité de gens, hier à l'aise, se trouvaient le lendemain dans la misère et sollicitaient la charité publique.

C'est ainsi qu'en 1573 [1] le nombre des gens réduits complètement à la misère dépasse 500.

En 1587 [2], le nombre des pauvres connus est de 333 répartis ainsi : St-Quentin en compte 120, St-Pierre 28, Chamars 30, Bourg 20, Battant 58, Charmont 25, Arènes 52.

En 1639, la population pauvre a augmenté avec le nombre des habitants de la ville, 6.000 malheureux sont signalés comme habitant Besançon [3].

C'était là une difficulté de plus pour les établissements de charité qui ne pouvaient prévoir d'avance ni les charités qu'ils auraient à faire, ni le nombre des pauvres qu'ils auraient à secourir.

----

(1) Décisions municipales. Registre 31.
(2) Id. Reg. 40.
(3) Id. Reg. 70.

Chapitre II

LA CHARITÉ DANS LES PAROISSES DE BESANÇON

La ville de Besançon était divisée en sept paroisses distinctes où la charité était organisée par les soins des curés et des personnes pieuses. C'étaient les paroisses de Saint-Jean-Baptiste, de Saint-Paul, de Saint-Maurice, de Saint-Pierre, des Minimes ou Notre-Dame, de Saint-Vincent et de Ste-Marie-Magdeleine.

La population qui composait ces différentes paroisses était entièrement différente de l'une à l'autre, de sorte que la richesse ou la pauvreté était aussi très variable.

Ce fait est extrêmement facile à constater lorsque l'on regarde dans quelle proportion différente, suivant les paroisses, se faisaient les distributions de pain ou de blé dans les années mauvaises.

C'est ainsi qu'en l'année 1740, la saison étant des plus rigoureuses, une distribution de bois et de froment fut faite aux pauvres de la ville, distribution qui fut la suivante [1] :

	FROMENT (mesures)	BOIS (cordes)
Paroisse de Saint-Jean-Baptiste	86	7
— Saint-Paul	30	4
— Saint-Maurice	12	2
— Saint-Pierre	30	3
— Notre-Dame ou Minimes.	12	2
— Saint-Vincent	10	2
— Sainte-Marie-Magdeleine .	120	10

[1] Décisions municipales. Registre n° 153, 27 février 1740.

Par cette énumération, on voit que la paroisse qui comprenait le moins de pauvres était Saint-Vincent. Venaient ensuite les Minimes et Saint-Maurice, puis Saint-Pierre, Saint-Paul, Saint-Jean-Baptiste et enfin la Magdeleine qui était de beaucoup la paroisse la plus pauvre et qui englobait le plus grand nombre d'habitants.

Infiniment plus étendue que les autres [1], puisqu'elle comprenait près de la moitié de la ville, la paroisse de la Magdeleine était néanmoins une des plus pauvres et une de celles où les secours et les charités étaient les moins nombreux. Sa population en effet n'était composée que de simples vignerons et manouvriers qui ne subsistaient qu'au moyen d'un travail journalier. Que ce travail vienne à manquer, et tous ces gens-là se trouvaient sans ressource aucune. Et en tout cas, ayant à peine de quoi vivre, ils ne pouvaient guère songer à faire la charité aux autres pauvres de la paroisse. Les malades s'y trouvaient évidemment dans une grande proportion,

Aussi, dans toutes les distributions publiques qui étaient faites par les soins des établissements de charité ou de la municipalité, la paroisse de la Magdeleine était-elle comprise dans une très large proportion.

Dans chacune des différentes paroisses, il y avait une sorte d'association composée du curé et de dames pieuses et charitables qui se chargeait de venir au secours des pauvres et des malades. Mais les ressources de ces associations étaient un peu différentes, suivant la richesse des paroisses.

Comme nous l'avons vu tout à l'heure, la paroisse de Sainte-Magdeleine était de beaucoup la plus pauvre et la plus nombreuse. Les malades et les mendiants y abondaient. Néanmoins,

----

(1) Archives de Besançon, C. 1.

la charité y était organisée d'une façon suffisante, car, au dire des magistrats de la ville [1], jamais, même pendant les plus grandes disettes, les pauvres n'ont manqué du nécessaire.

L'association charitable de la Magdeleine [2] comprenait tout d'abord le curé, comme président, et un certain nombre de dames pieuses. Les ressources de cette œuvre se composaient simplement du produit des quêtes que l'on percevait le dimanche et les jours de fête aux offices ; or, comme la population était surtout composée d'ouvriers, ces quêtes produisaient extrêmement peu. C'est alors, que les personnes pieuses et aisées de la paroisse s'imposèrent volontairement le soin de fournir dans le cours d'une année, tour à tour chacune une semaine, la soupe, la viande et les autres aliments nécessaires au soulagement des pauvres, des malades et des convalescents, dont cette paroisse était affligée en grand nombre. Et, pour éviter les abus, ces charités n'étaient distribuées que sur la présentation d'un billet du curé qui allait visiter les pauvres et reconnaissait ceux qui étaient vraiment dignes d'intérêt.

Dans les paroisses plus riches, la façon de secourir les pauvres et les malades était différente [3]. La plupart du temps, le produit des quêtes et des charités particulières était suffisant pour secourir les pauvres et les malades. Néanmoins, l'association dont nous avons déjà parlé subsistait et servait à secourir les pauvres à bon escient. C'est ainsi, que la paroisse de Saint-Pierre, qui était la plus riche de toutes, et dans laquelle le produit des quêtes était très abondant, avait formé une sorte d'association de quêtes avec les paroisses de Saint-Paul et de Notre-

---

(1) Opposition des magistrats à la création d'une maison de charité sur la paroisse de Saint-Pierre. (Archives départementales, C .1).
(2) C. 1. Archives départementales.
(3) C. 1. Id.

Dame qui étaient moins riches. Les ressources réunies de ces trois paroisses et les secours mis en commun, suffisaient pour le soulagement des malades et des pauvres de Saint-Pierre, de Saint-Paul et de Notre-Dame.

C'était encore au moyen du produit des quêtes faites dans les paroisses de Saint-Jean-Baptiste et de Saint-Maurice [1] que les pauvres et les malades étaient soulagés. Mais, comme ces ressources n'étaient pas absolument suffisantes, les dames pieuses de ces paroisses prenaient sur elles, comme à Sainte-Magdeleine, le soin de faire préparer la soupe et les autres aliments et de suppléer, par leur charité, à l'insuffisance de ces quêtes.

Telle était la pratique constante observée dans les différentes paroisses de Besançon pour secourir les pauvres et les malades, pratique qui, si on en croit les magistrats de la ville, avait toujours donné d'excellents résultats.

Les secours, en effet, étaient surtout donnés en nourriture : pain, viande, soupe. De cette façon, on évitait de voir l'argent de la charité mal employé, et, grâce au contrôle fait d'une façon sévère et intelligente par les curés de chaque paroisse, les pauvres intéressants seuls étaient secourus.

---

(1) Archives départementales C. 1.

Chapitre III

DE QUAND DATE LA CHARITÉ A BESANÇON

COMMENT ÉTAIT-ELLE PRATIQUÉE
AVANT LE XVIIIe SIÈCLE

On peut dire sans craindre d'exagération que de tout temps la charité fut pratiquée à Besançon ; sans parler des hôpitaux, sur lesquels nous reviendrons en détail, on peut voir comment, d'après les premières décisions municipales, s'exerçait la charité privée et combien nombreux étaient les secours distribués aux pauvres.

A côté de l'intention charitable et du désir de secourir les malheureux, d'autres causes apparaissent qui obligeaient les municipalités à s'occuper des mendiants.

Tout d'abord, les pauvres réunis en troupes, prenaient souvent ce qu'on leur refusait. Il était ensuite nécessaire de secourir les pauvres à cause du danger de voir des maladies contagieuses colportées par eux. Aux 15ᵉ et 16ᵉ siècles, la peste était presque continuellement à Besançon et presque toujours accompagnait la famine.

L'hygiène publique n'était pas à beaucoup près ce qu'elle est aujourd'hui, et cette maladie se développait avec une effroyable rapidité, faisant surtout dans la population pauvre, les plus affreux ravages. L'apparition de ce fléau provoquait la plus grande frayeur. Nous n'en voulons pour preuves que les mesures quelquefois étranges et souvent barbares prises pour essayer d'enrayer le fléau.

Les habitants de la ville devaient sous peine de mort déclarer si la peste était chez eux.

En 1629, une femme, pour avoir caché que la peste était dans sa maison, est condamnée à être conduite à Chamars et « à y être arquebusée jusqu'à la mort [1] ».

Lorsque la peste était dans une habitation, les portes en étaient cadenassées et devant les maisons d'en face, on établissait une lanterne en papier et un feu de genévrier afin d'avertir les passants [2].

Aussi les premiers établissements de charité qui furent créés furent des hôpitaux pour pestiférés. En 1525 et 1526 ; [3] la municipalité fait choix à Chamars d'un emplacement pour y édifier un hôpital pour les pestiférés et pour le même objet, des cabanes isolées sont bâties à Velotte.

En 1529 [4], l'hôpital projeté à Chamars est commencé.

En 1544, un hôpital pour les pestiférés va être édifié au pied de la montagne de Chaudanne [5]. Et comme cette année la peste sévit cruellement, les mendiants sont l'objet d'une surveillance toute spéciale afin d'enrayer la contagion.

En l'année 1572, le terrible fléau a encore pénétré à Besançon [6]. Par crainte de contagion, les pauvres étrangers qui s'étaient réfugiés dans la ville sont expulsés.

----

(1) Délibérations municipales. Registre 56.
(2) Id. Reg. 56.
(3) Id. Reg. 12.
(4) Id. Reg. 13.
(5) Id. Reg. 24.
(6) Id. Reg 34.

En 1628, la peste menace de nouveau d'envahir la ville [1]. Des mesures très sévères de désinfection sont prises et pour permettre aux pauvres de lutter, eux aussi, contre cette maladie, la municipalité organise des quêtes dans chaque bannière, quêtes qui produisent si peu que l'on est obligé de taxer les habitants.

Et souvent, pour éviter la contagion, les mesures les plus rigoureuses étaient prises contre les pauvres.

En 1639, la peste se rallumant [2], les gouverneurs, « préférant la santé publique à la tendresse et commisération qu'ils ont pour les misérables », décident de faire une expulsion générale des pauvres, qui seront chassés par la Porte-Taillée et la Porte Notre-Dame, après avoir reçu une livre et demie de pain par tête.

En 1639 et en 1640 [3] nouvelle expulsion des pauvres qui étaient déjà depuis longtemps rentrés dans la ville avec la connivence des portiers.

Et à cette époque, justement en raison des maladies qui sévissaient continuellement, la misère était effroyable et le nombre des pauvres étaient immense. En l'année 1639 le nombre des pauvres était de 6.000 [4].

On comprend alors combien la misère était terrible, car Besançon n'était pas suffisamment organisé au point de vue des institutions charitables.

En 1573, le nombre des mendiants mourant de froid et de faim dépassait 500 [5].

------

(1) Décisions municipales. Registre 56.
(2) Id. Reg. 75.
(3) Id. Reg. 76.
(4) Id. Reg. 76.
(5) Id. Reg. 34.

En 1638 [1] les pauvres mouraient de faim dans les rues. Pour tout secours, on arrivait à assister les malades et à enterrer les morts.

Aussi, devant des maux aussi terribles, la charité publique commença à s'éveiller. Diverses mesures furent prises, mesures que nous verrons plus tard se développer.

En 1523, afin de réserver aux seuls mendiants de Besançon les charités des habitants, [2] la municipalité leur fait distribuer des marques qui leur donneront le droit à eux seuls de tendre la main.

Plus tard, en 1564, pour essayer d'enrayer la mendicité [3] la municipalité interdit de mendier et fait distribuer deux fois par semaine du pain aux pauvres.

Puis nous voyons apparaitre l'idée que les pauvres peuvent et doivent travailler [4]. En 1586, pour procurer du travail aux pauvres valides, on dressera « un ordon d'ouvraiges publiques ». Enfin, le produit de certaines amendes était réservé aux malheureux. En 1635, le sieur Bonnoni [5], pour avoir couru à cheval pendant une procession, est condamné à donner 500 francs aux pauvres.

En 1590, une loterie [6] est tirée au profit des pauvres sous la surveillance de la municipalité. Elle rapporte 163 francs.

En dehors de ces mesures, les particuliers eux-mêmes, par leurs charités, par des dons ou des legs, venaient au secours des pauvres de la cité.

---

(1) Décisions municipales. Registre 75.
(2) Id. Reg. 13.
(3) Id. Reg. 29.
(4) Id. Reg. 39.
(5) Id. Reg. 69.
(6) Id. Reg. 11.

En 1603, les frères Jacques et Eléonor de Saint-Mauris Montbarrey [1] fondent quatorze aumônes annuelles de 30 francs chacune, destinées à apprendre des métiers à sept jeunes garçons et à sept jeunes filles. A la mort des fondateurs, les titulaires seront choisis par leurs héritiers sur une liste dressée chaque année par la municipalité.

En 1643, Claude Chassignet, docteur ès-droits, avait légué ses revenus [2] aux trois catégories des pauvres de la ville : les mendiants, les malades et les honteux. On en fait la première distribution.

Ces différentes mesures prises par la municipalité et les charités données par des particuliers, étaient néanmoins insuffisantes pour secourir d'une façon efficace le nombre vraiment considérable de pauvres à cette époque.

Nous verrons petit à petit les mêmes mesures reprises et modifiées, mesures que nous étudierons d'une façon complète, principalement dans le cours du xviiie siècle.

____

(1) Décisions municipales. Registre 46.
(2) Id. Reg. 77.

Chapitre IV

ÉTABLISSEMENTS DE CHARITÉ

Nous venons de voir comment les pauvres étaient secourus à Besançon, par les charités faites dans chaque paroisse, par les libéralités de la ville et par les dons des particuliers.

En dehors de ces façons de procéder, il existait dans la ville de Besançon, un certain nombre d'établissements de bienfaisance destinés à secourir les malades pauvres ou infirmes et dans l'impossibilité de gagner leur vie.

1ᵉ Hôpital Saint-Jacques

Le plus important, le plus connu et probablement aussi le plus ancien de ces établissements de bienfaisance fut l'hôpital Saint-Jacques [1].

En l'année 1182, du consentement de l'archevêque Thierry II et avec l'approbation du pape Luce III, le chapitre de Sainte-Magdeleine jeta les premiers fondements de cette maison de charité qui, plus tard, fut appelée l'hôpital Saint-Jacques.

Le premier but de cet établissement fut de recueillir les pauvres et les malades exclusivement de la paroisse Sainte-Magdeleine, et d'héberger les pélerins qui se rendaient à Com-

---

(1) Docteur Baumes. *De l'indigence et de la bienfaisance*, page 82.

postelle[1]. Il offrait aussi gratuitement l'hospitalité aux pélerins qui faisaient, au moment des croisades, le voyage de Jérusalem.

Cet établissement dura quatre siècles avec sa primitive destination, c'est-à-dire réservé seulement aux seuls indigents de la paroisse Sainte-Magdeleine. Il passa successivement de l'administration du chapitre de cette paroisse à l'administration du magistrat de la ville. Tel qu'il était, il pouvait suffire aux besoins d'une population limitée. Mais la population de la Magdeleine, la paroisse la plus importante de la ville, allait sans cesse en augmentant, et bientôt cet établissement devint tout à fait insuffisant.

En l'année 1666, l'archevêque Antoine-Pierre de Grammont conçut l'idée de reconstruire un hôpital plus vaste, plus central et d'en changer un peu la destination, en y admettant les malades de toute la ville de Besançon.

Il fit don à la ville d'un pré qu'il possédait à Chamars, en même temps qu'il offrait de fortes sommes d'argent pour commencer la construction du nouvel hôpital. Une association se forma bientôt pour recueillir les fonds nécessaires et la première pierre fut posée le 16 juin 1667. Au dire d'un contemporain, l'enthousiasme fut si grand que l'on vit les plus notables bourgeois travailler aux fondations de ce vaste édifice.

Les malades furent soignés par des religieuses hospitalières dont l'ordre existe à Besançon même, où il possède sa maison-mère, maison qui en 1688, d'après un dénombrement, comptait quatorze religieuses ; mais ce nombre alla en augmentant.

Le nombre des malades pauvres augmenta également dans des proportions considérables. Le dénombrement cité plus haut le porte à quarante pour l'année 1688, et plus tard, l'hôpital

____

(1) CASTAN. *Histoire du Saint-Esprit*, page 18.

Saint-Jacques a pu recevoir dans deux salles distinctes, trente-huit malades de chaque sexe.

Les ressources de l'hôpital sont allées, elles aussi, en augmentant. Des donations et des legs importants vinrent accroître successivement le primitif patrimoine de cet établissement.

Les malades qui sollicitaient leur entrée à l'hôpital Saint-Jacques, devaient remplir deux conditions indispensables : ils devaient être indigents et atteints d'une maladie curable.

2° Hospice de la Charité

L'hospice de la Charité est une annexe de l'hôpital Saint-Jacques. Ce nouvel établissement de Charité fut fondé en 1693[1] par Froissard de Broissia, conseiller, maître des requêtes au parlement. Son objet spécial était d'y retirer, d'y entretenir les orphelins et même d'autres enfants des deux sexes appartenant à des familles pauvres de la ville qu'on y élevait depuis neuf jusqu'à dix-huit ans. Il était établi dans les bâtiments de l'hôpital Saint-Jacques et soumis à la même administration.

Mais le but du fondateur ne fut pas seulement d'élever et d'entretenir des enfants pauvres, il consista surtout à s'efforcer de leur donner le goût du travail afin d'éviter d'en faire plus tard des oisifs et des mendiants. Aussi, dès leur entrée à l'hospice de la Charité, les enfants devaient-ils commencer à apprendre un métier. On leur enseignait les professions de tisserand, de bonnetier, de menuisier, de cordonnier, de tailleur. Dans les premières années de l'établissement, des maîtres de chant religieux y furent attachés ; ils étaient chargés d'apprendre le plain-

____

(1) Docteur DUCHES, *De l'indigence et de la bienfaisance*, page 117.

chant aux garçons qui avaient de la voix et du goût pour la musique. L'instruction était même poussée assez loin, car plusieurs enfants élevés dans cet hospice sont devenus des instituteurs de campagne. Plus tard même, on se décida à y enseigner l'horlogerie. Enfin, un certain nombre d'enfants étaient envoyés à la campagne et se livraient aux travaux agricoles.

Les filles apprenaient également un métier et dans ce but, des ateliers de lingerie et de couture étaient installés à l'hospice de la Charité.

Certaines conditions étaient exigées pour l'admission des enfants. Les parents devaient avoir au moins dix ans de séjour et les enfants ne devaient pas avoir plus de neuf ans pour les garçons et plus de huit ans pour les filles.

Cet hospice fut doté par son fondateur et ensuite par d'autres personnes charitables, mais ses biens ont été confondus avec ceux de l'hôpital Saint-Jacques dont il partage maintenant les ressources.

Dix ans après sa fondation, c'est à dire en 1703, l'hospice de la Charité était établi dans les bâtiments de l'hôpital Saint-Jacques. À ce moment, sans doute, ses biens ont été confondus avec ceux de cet hôpital.

Nous n'avons guère de renseignements sur le nombre des enfants admis à la maison de Charité avant 1808. Avant cette époque, les registres étaient en effet irréguliers et incomplets. A partir de ce moment la moyenne des admissions était d'environ huit garçons et six filles par an [1].

---

(1) Docteur DRUHEN. *De l'indigence et de la bienfaisance*, page 119.

3° Hospice du Saint-Esprit ou des enfants assistés

L'ordre du Saint-Esprit eut pour berceau la ville de Montpellier. Dans la seconde moitié du xii° siècle [1] un personnage du nom de Guy fonda dans cette ville un hôpital qu'il plaça sous l'invocation du Saint-Esprit. Bientôt des établissements semblables furent fondés dans de nombreuses villes et ils devinrent très florissants. La fondation de l'hôpital du Saint-Esprit de Besançon coïncide avec la naissance de notre commune.

Ce fut un chevalier du nom de Jean de Montferrand qui introduisit à Besançon les religieux de Montpellier, vers l'an 1200. En tout cas, cette fondation est antérieure au 30 août 1207, époque exacte de la mort de Guy de Montferrand [2].

De par ses privilèges, absolument indépendant des archevêques, l'ordre du Saint-Esprit fut bien accueilli par les habitants de Besançon et par les comtes de Bourgogne qui, rivaux acharnés de la puissance temporelle des prélats, favorisèrent l'hôpital naissant et contribuèrent à sa dotation.

Vers 1531, l'hôpital du Saint-Esprit subit une phase des plus critiques. La rivalité des maisons de France et d'Autriche, rendait les quêtes impossibles ; les domaines ruraux lui appartenant avaient été dévastés et l'hôpital avait dû contracter des emprunts fort onéreux [3]. En 1534, Charles-Quint lui permit de reprendre ses quêtes dans toute l'étendue du royaume.

Jusqu'en 1713, l'hôpital du Saint-Esprit, s'était régi et

---

(1) CASTAN. *L'hôpital du Saint-Esprit de Besançon*, page 6.
(2) Id., page 18.
(3) Id., page 25.

administré lui-même ; à cette époque, et à la suite d'une lutte qui durait déjà depuis un certain temps avec la ville qui préten-. dait avoir l'administration de l'hôpital, Louis XIV signait des lettres patentes qui déléguaient l'administration de l'hôpital à un bureau de direction composé de l'archevêque, du commandeur, du maire de la ville et du premier échevin et en outre, de huit notables bourgeois, d'un receveur et d'un greffier [1].

Le but du fondateur, Guy de Montferrand, avait été de recevoir les bâtards, les enfants trouvés et abandonnés, de les nourrir et élever jusqu'à ce qu'ils soient en âge et en état d'apprendre un métier [2].

Mais ce but fut de beaucoup dépassé. On reçut à l'hospice durant tout le moyen-âge les malades, les incurables, les mendiants, les vieillards, les pauvres femmes en couches, les passagers, les orphelins indigents, les enfants abandonnés ou exposés, sans distinction d'infirmités, de sexe, ni d'origine. En un mot, l'hôpital était tenu de recevoir tous les nécessiteux, même étrangers [3].

En outre, le soin des pestiférés incombait à cet hôpital qui logeait les chirurgiens et les barbiers de la peste.

En l'année 1552, le nombre des enfants assistés par l'hôpital du Saint-Esprit était de 30 allaités à l'établissement et 80 placés dans les villages [4]. Mais, les ressources de cette maison avaient considérablement diminué à la suite des guerres de la fin du xvᵉ siècle qui avaient ruiné ses domaines ruraux. Force fut donc aux religieux de restreindre un peu leur action bien-

---

(1) Castan. *L'hôpital du Saint-Esprit*, page 42.
(2) Docteur Druuen. *De la bienfaisance et de l'indigence*, page 120.
(3) Décisions municipales. Registre nᵒ 7.
(4) Id. Reg. nᵒ 26.

faisante. Le traité du 28 septembre 1571 délimita les secours
que devait fournir cet hôpital. Par cet arrangement, l'établissement abandonnait à la ville une partie de ses immeubles,
moyennant quoi il n'avait plus à sa charge d'autres services
que ceux des enfants exposés de l'âge de deux ans et au-
dessous, des femmes enceintes pour le temps de leurs couches
et des passagers nécessiteux [1].

Les enfants recueillis étaient mis en nourrice jusqu'à l'âge
de six ans. Ensuite on les mettait en pension, soit chez des
cultivateurs, soit chez des artisans et on s'efforçait de leur
donner un métier. Quant aux enfants infirmes ou malades,
qui étaient dans l'impossibilité de travailler d'une façon con-
tinue, on les gardait à l'hospice en leur donnant des occupa-
tions proportionnées à leurs forces ; cet hospice a toujours été
la providence d'un grand nombre d'enfants qui ont pu, grâce
à lui, être mis à l'abri du vice et de la misère [2].

Les revenus de l'hôpital du Saint-Esprit étaient assez considérables. Il fut tout d'abord doté par son fondateur qui lui fit
don du terrain sur lequel il fut construit. L'hôpital y réunit
aux xiiie et xive siècles, divers immeubles achetés au moyen du
produit des quêtes [3]. Plus tard l'hôpital devint encore pro-
priétaire de plusieurs maisons et d'un certain nombre de domaines ruraux, situés dans la campagne et la banlieue de
Besançon.

Actuellement encore, l'hôpital du Saint-Esprit jouit de revenus assez considérables qui en font un des plus riches de
Besançon.

(1) Décisions municipales. Registre n° 33
(2) Docteur DRUHEN. *De la bienfaisance*, page 121
(3) CASTAN. *L'hôpital du Saint-Esprit*, page 66.

4° Hospice de Saint-Jean-l'Aumônier

Cet établissement fut fondé par les directeurs de l'Aumône générale aussitôt après la création de cette dernière, c'est-à-dire vers 1712. Les vieillards pauvres, domiciliés et établis dans la ville, qui ne pouvaient plus travailler et qui se trouvaient sans ressources, étaient logés, nourris et entretenus dans l'hospice de Saint-Jean-l'Aumônier.

En 1741, l'hospice de Saint-Jean-l'Aumônier entretenait 41 vieillards [1]. Cet établissement possédait des propriétés et des revenus propres. Parmi les ressources de cet hôpital, il faut citer des fondations particulières dues à la générosité de plusieurs bisontins [2].

Citons encore la confrérie de la Croix qui fut fondée en 1590, à l'instigation d'un véhément prédicateur capucin, le père Chérubin. Il réunit un certain nombre de confrères : Pierre de Soye, Claude Bichet, Philippe Chifflet, prêtres ; le crucifer de Saint-Étienne, François de la Tour, écuyer; Jean Bonnet, le jeune notaire ; Pierre Gripponet, chirurgien ; Guillaume d'Anvers, écuyer ; Hugues Marchand, hôtelier [3].

Ces premiers confrères eurent d'abord des difficultés avec la municipalité qui ne voulait pas voir cet ordre se fonder dans la ville parce que les adhérents allaient aux processions revêtus de sac leur masquant le visage. Mais enfin, elle reconnaît qu'il faut « céder au temps » et la confrérie finit par être autorisée après approbation de l'archevêque [4].

---

(1) Requête présentée au roi au sujet d'une maison de force (Bibliothèque de Besançon, liasse d'archives n° 63).

2 Docteur Druhen. *De l'indigence et de la bienfaisance*, page 116,

(3) Décisions municipales. Reg. 42.

(4) Id. Reg. 42.

Enfin, l'hôpital Saint-Louis qui devint petit à petit un établissement où l'on soigna les militaires. Les soldats y étaient traités à forfait. Or, ne trouvant plus personne qui voulût s'en charger le roi acheta en l'année 1782 cet hôpital au sieur Faivre, chirurgien-major dudit hôpital [1].

On signale encore, sans pouvoir en préciser la date, mais comme ayant sûrement existé avant 1203, l'hôpital de Saint-Antoine, destiné d'abord à la guérison du mal des ardents, puis à la nourriture des estropiés; les hospices de Sainte-Brigitte et de Saint-Antide, propriétés du chapitre de Saint-Jean et de l'abbaye de Saint-Paul, et affectés aux hommes de ces deux églises [2].

La ville de Besançon a donc le droit, étant donné les nombreux établissements de charité qu'elle possède, d'être signalée comme une des villes les plus charitables. Et la façon de traiter les pauvres est des mieux comprises, car elle s'adresse à tous. Ce sont les enfants abandonnés qui sont recueillis et soignés; ce sont les jeunes gens et les jeunes filles à qui l'on apprend un métier. Enfin, on soigne les malades, les vieillards pauvres sont recueillis, et on leur assure une vieillesse tranquille exempte de tout souci.

----

[1] Archives départementales, C. 123.
[2] CASTAN. *L'histoire du Saint-Esprit*, page 18.

Chapitre V

DÉCISIONS MUNICIPALES PRISES CONTRE LES MENDIANTS AVANT 1712

Si la ville de Besançon possédait un certain nombre d'établissements qui s'occupaient de soigner et de recueillir les pauvres intéressants, il y avait néanmoins dans la ville, une quantité de mendiants qui ne vivaient que d'aumônes, et qui souvent y causaient des désordres graves. Aussi, cette catégorie d'individus était-elle considérée comme un fléau qu'il fallait entraver à tout prix, et souvent des décisions municipales vinrent réglementer cette peu intéressante classe de citoyens.

On s'efforçait surtout de lutter contre les mendiants étrangers à la ville qui se glissaient en grand nombre à Besançon, afin de profiter des avantages accordés aux indigents de cette cité. Des gardes, appelés chasse-coquins, étaient chargés de les expulser.

En 1635, on créa deux chasse-coquins pour expulser les mendiants étrangers. Ils furent d'abord aux gages de trois carolus par pauvre [1]. Plus tard, ils reçurent 50 francs de gages et un manteau rouge aux armes de la ville [2].

---

(1) Décisions municipales, Registre n° 101.
2) Id. Reg. n° 101 (20 Mai).

— 41 —

Ils avaient à lutter non seulement contre les pauvres, mais encore souvent contre la population qui prenait parti contre la police, en faveur des vagabonds.

En l'année 1684 [1], le nombre des mendiants étrangers à la ville était considérable et ceux-ci, à force d'adresse, étaient arrivés à se glisser, non seulement dans Besançon, où ils harcelaient et souvent même menaçaient les habitants, mais encore dans les hospices et dans les hôpitaux. Pour remédier à cet état de choses, M. le Premier Président ordonna qu'une commission, composée du maire, de magistrats et des directeurs de l'hôpital, se rende dans les divers établissements de charité de la ville, qu'elle examine avec soin les différents pauvres qui s'y trouvent et qu'impitoyablement tous ceux qui ne sont pas citoyens de Besançon soient expulsés, afin de faire place à ceux qui ont droit aux secours de la ville.

Et pour que cette mesure soit et reste efficace, le conseil municipal ordonna la même année, reconnaissant pour ainsi dire la profession de mendiants, et réservant aux seuls citoyens le bénéfice que les pauvres peuvent retirer de la mendicité, que des marques particulières [2] soient l'apanage des citoyens pauvres de la ville exerçant la profession de mendiants. Ces marques distinctives conféraient en même temps l'autorisation de mendier, et on évitait ainsi aux pauvres de la ville la concurrence des pauvres étrangers. De plus, les mendiants bisontins étaient répartis dans les différents quartiers de la ville, dont ils n'avaient pas le droit de sortir et pour cette raison, les différentes marques données aux mendiants variaient avec chaque quartier. C'étaient des sortes de plaques de fer de formes

____

(1) Décisions municipales. Registre n° 70.
(2) Id. Reg. n° 87.

4

différentes, ayant au centre les armes de la ville. Voici, du reste, comment elles étaient faites [1].

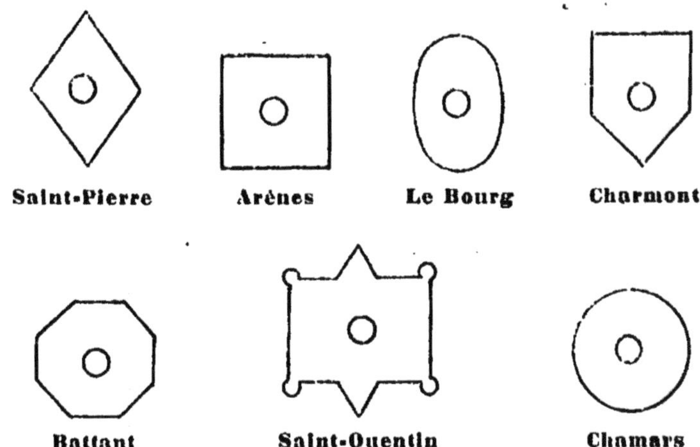

Chaque pauvre surpris à mendier et non muni d'une de ces marques, était immédiatement arrêté et puni. En cas de récidive, il était traité comme étranger et expulsé de la ville.

En même temps, le conseil municipal ordonna aux étrangers mendiants de quitter immédiatement la ville de Besançon [2]. Les gardes furent chargés de faire mettre cet édit à exécution ; on ordonna aux soldats de garder sévèrement les portes de la ville, de faire sortir les pauvres étrangers et d'empêcher, sous peine de punition sévère, aucun individu d'y entrer avant que l'on ne se soit assuré, d'une façon certaine, de ses ressources et des raisons qui l'amenaient dans la ville.

Au fond de toutes ces mesures, il y avait une idée que nous retrouverons continuellement au cours de cet ouvrage et qui est

---

(1) Décisions municipales. Registre n° 101.
(2) Id. Reg. n° 101.

la suivante : Les pauvres, invalides ou malades, doivent être secourus par la ville ou par le village où ils sont nés. Et ces secours, qui sont une sorte de privilège, sont dus seulement aux citoyens, à l'exclusion de tout étranger.

Nous voyons que la mendicité était à cette époque autorisée dans la ville de Besançon, mais seulement pour les citoyens. Il y avait donc, de par la ville, un certain nombre de pauvres qui vivaient uniquement du produit de la charité.

En 1700 [1], le conseil municipal décréta alors que les pauvres seraient reçus à l'hôpital de la Charité. Mais les bâtiments destinés à les recevoir n'étaient pas encore prêts. Les ouvriers furent pressés de finir leur travail et le Conseil décida qu'on permettrait encore la mendicité jusqu'à la Saint-Martin. A partir de cette époque, les mendiants furent enfermés. En même temps, comme on avait remarqué que les étrangers s'étaient encore introduits à Besançon, l'ordre de les expulser fut donné de nouveau. On ordonna aux étrangers « de vider et sortir de la cité et de son ancien territoire ».

Voilà donc les pauvres, qui jusqu'alors avaient eu l'autorisation de mendier, enfermés à l'hospice de la Charité. Le conseil municipal demanda aussi aux citoyens, débarrassés de ces solliciteurs importuns, de vouloir bien faire leurs charités entre les mains du directeur de l'hospice. La municipalité pensait, et avec juste raison, que ces pauvres qui vivaient uniquement des aumônes des habitants seraient une fois enfermés, également entretenus par la charité publique. Ce calcul ne fut pas exact; les charités diminuèrent d'une façon sensible. Et cela s'explique, parce que débarrassés des sollicitations pressantes

---

[1] Décisions municipales. Registre n° 116.

et quelquefois menaçantes des pauvres parcourant la ville, les habitants donnaient bien moins facilement.

En l'an 1702 [1], les aumônes avaient tellement diminué, que le conseil de l'hôpital se plaignit au conseil municipal que la charité n'existait à peu près plus, et il demanda l'autorisation, pour arriver à relever la piété de la population, de faire une quête générale. Cette autorisation fut accordée et ces messieurs du conseil municipal ajoutent : « Que n'ayant rien tant à cœur que le soutien de cette maison, et cherchant tous les moyens pour contribuer à son agrandissement, ils ont résolu que chaque commis, dans son quartier, accompagnerait les sieurs directeurs qui feront la dite quête, et tâcheront d'exciter le peuple à contribuer libéralement à l'exécution et parfait accomplissement d'un dessein qui a tant promis dès ses commencements [2] ».

____

(1) Décisions municipales. Registre n° 118.
(2) Id. Reg. n° 118.

Chapitre VI

LOIS RELATIVES A LA MENDICITÉ ET AU VAGABONDAGE JUSQU'EN 1712

Les rois, comme les municipalités, s'étaient inquiétés du nombre croissant des vagabonds, des nombreuses plaintes qui affluaient contre eux et ils s'efforcèrent, par une série de lois et de déclarations royales, de remédier à cet état de choses.

La principale ordonnance parue à cette époque fut celle de 1687 [1] destinée à empêcher les mendiants valides de mendier.

Nous avons été informés, est-il dit dans le préambule, « que plusieurs valides qui ne sont de la qualité à être reçus dans les hôpitaux, au lieu de s'employer dans les ouvrages auxquels ils sont propres et qui leur produiraient leur subsistance, s'adonnent à la mendicité et s'abandonnent à l'oisiveté, commettent des vols et tombent malheureusement dans plusieurs autres crimes ».

Cette ordonnance enjoignait à tous les mendiants valides de se retirer incessamment dans les lieux et provinces de leur naissance et de travailler aux ouvrages auxquels ils désireraient s'adonner. Et surtout, défense absolue de mendier sous quelque prétexte que ce soit. Tous ceux qui seraient trouvés tendant la

---

(1) Déclaration du roi pour empêcher les mendiants valides de mendier (Bibliothèque de Besançon, liasse d'archives n° 63).

main, huit jours après la publication de cette ordonnance, seraient impitoyablement arrêtés. Et il suffirait pour les arrêter du témoignage d'une personne digne de foi. Dans chaque ville ou bourg les chefs de police : baillis, sénéchaux, leurs lieutenants ou autres officiers seraient compétents pour juger, sauf appel, les mendiants valides qui seraient arrêtés. Les peines édictées contre eux, hommes et femmes, sont extrêmement sévères.

On distinguait les mendiants en deux catégories : les mendiants vagabonds qui étaient sans domicile ; et les mendiants domiciliés.

Pour les premiers, la peine était, pour les hommes, les galères à perpétuité ; les femmes, devaient être fustigées, flétries et bannies.

Quant à ceux ou à celles, qui avaient un domicile et qui étaient surpris mendiant dans les villes ou dans les campagnes, les peines édictées étaient un peu moins graves. Quand il s'agissait de femmes ou de filles qui étaient arrêtées pour la première fois, on se contentait de leur défendre expressément de récidiver. En cas de récidive, elles étaient fustigées, flétries et bannies du ressort de la juridiction.

A l'égard des hommes, on agissait de même pour une première arrestation, se contentant de leur défendre la récidive. En cas de récidive, ils étaient également condamnés à être fustigés, flétris et bannis du ressort de la juridiction ; mais s'ils étaient surpris une troisième fois, ils étaient condamnés sans appel à servir sur les galères à perpétuité.

Ces peines extrêmement graves, étant donné la nature du délit, s'expliquent par les vols et les crimes commis par les mendiants qui étaient considérés comme de véritables brigands qu'il fallait traquer impitoyablement.

Ce système avait un grave inconvénient qui devait bientôt se faire sentir. En effet, on ordonnait aux mendiants valides, sous peine d'arrestation, de se livrer à un travail quelconque, mais ce travail n'était pas toujours facile à trouver et un grand nombre d'entre eux, malgré leur bonne volonté, restèrent inoccupés. Si les hôpitaux où l'on devait procurer du travail aux pauvres avaient été créés partout, la difficulté aurait été évidemment levée. Mais ces hôpitaux étaient peu nombreux et en 1693, année où les récoltes avaient été mauvaises, les hôpitaux existants se trouvaient assiégés par une quantité innombrable de pauvres qui n'avaient pu trouver de travail à la campagne et qui venaient demander aide et subsistance à ces hôpitaux, craignant en outre d'être arrêtés s'ils mendiaient. D'où nécessité de prendre à l'égard de ces gens, qui mouraient de faim et étaient sans travail, les mesures nécessaires pour subvenir à leurs principaux besoins. Ce fut l'objet du règlement pour la subsistance des pauvres mendiants, de 1693 (1).

Voici les motifs donnés dans le préambule de cette nouvelle déclaration : « Sur ce qui a été représenté à la Cour par le procureur général du Roy, que la déclaration de Sa Majesté qui a ordonné qu'il ferait établir des hôpitaux généraux dans tous les lieux considérables, n'ayant pas été exécutée dans tous le royaume ; les hôpitaux qui ont été établis, sont accablés du nombre de pauvres qui viennent des autres endroits, et plus encore cette année où la récolte a été mauvaise dans les paroisses ».

Il n'est évidemment plus question d'appliquer des peines aux mendiants valides qui ne travaillent pas. On a compris qu'il n'est

<hr>

(1) Arrêt du parlement portant règlement pour la subsistance des pauvres (Bibliothèque de Besançon, liasse d'archives n° 63).

pas toujours facile de se procurer du travail. Le problème était donc différent. Il fallait, pour éviter que les pauvres se livrent aux pires excès, assurer la subsistance d'un grand nombre d'individus sans travail et cela n'était pas tâche facile.

Pour y parvenir, l'ordonnance de 1693 enjoint tout d'abord, à tous les pauvres mendiants qui sont actuellement sans travail et dans l'impossibilité de gagner leur vie de se retirer dans les paroisses où il sont nés, et cela doit être exécuté au plus tard un mois après la publication de cet édit. Il leur est également défendu de circuler et de demander l'aumône sous peine d'être, aussi bien les hommes que les femmes, enfermés pendant huit jours dans les prisons les plus prochaines, et attachés au carcan sur le procès-verbal des officiers qui les auront arrêtés. S'ils récidivent: les galères, pendant trois ans, contre les hommes valides et les garçons au-dessus de treize ans; contre les estropiés, on emploiera le fouet et le carcan les jours de marché, ainsi que contre les femmes qui ne seront point grosses. En cas de récidive contre les garçons au-dessus de douze ans qui sont en état de travailler: le fouet. Personne sous peine de dix livres d'amende ne doit donner asile plus d'une nuit aux mendiants.

Ces différentes peines ne sont applicables qu'un mois après la publication de l'édit et elles sont applicables aux mendiants, non pas parce qu'ils ne travaillent pas, mais parce qu'ils continuent à mendier bien que l'on ait assuré leur subsistance.

Voici du reste quel était le système employé:

Tout d'abord, les pauvres estropiés ou atteints de maladies incurables, devaient être conduits dans les hôpitaux généraux les plus prochains. Les administrateurs étaient tenus de les y recevoir sur les certificats des curés, des juges ou des procureurs fiscaux des différentes paroisses. Ils étaient traités et nourris comme les autres pauvres. Dans les villes où il y avait plusieurs paroisses, les curés, les marguilliers en charge, les anciens et les plus notables habitants de la paroisse s'assemblaient afin de pourvoir de la façon qu'ils jugeaient la plus convenable à la subsistance de tous les pauvres de la paroisse. Ils en faisaient la nomenclature et ils indiquaient également la somme que chaque habitant de la paroisse devait verser, pour contribuer, selon ses moyens, à secourir et entretenir les pauvres.

Dans les villes où il n'y avait qu'une paroisse et dans les bourgs et villages, le système employé pour venir en aide aux mendiants était à peu près le même.

Les juges faisaient, en présence du curé, du procureur fiscal, du syndic et de deux habitants qui étaient nommés par les autres à la sortie de la grand'messe, la liste de ceux qui avaient besoin d'assistance et d'aide soit à cause de leur âge, de leurs infir-mités, du trop grand nombre d'enfants, soit même à cause du manque de travail. Ils estimaient également la somme qui devait être fixée pour secourir tous ces malheureux. Et l'ordonnance ajoutait : « que par provision et sans tirer à conséquence, toutes personnes tant ecclésiastiques que séculiers, tous corps et com-munautés séculières et régulières, ayant du bien dans lesdites paroisses à la réserve des hôpitaux où l'hospitalité est actuel-lement exercée et des curés qui reçoivent la portion congrue contribuent au payement de ladite somme ; savoir, ceux qui ne payent point l'imposition royale, au sol la livre, des deux tiers de ce qu'ils possèdent de biens affermés dans lesdites paroisses. Et pour ce qui est des biens qui ne sont pas affermés, suivant la même qualité des deux tiers de baux expirés depuis trois ans ; et s'il ne s'en trouve point, suivant l'estimation qui en sera faite par les susnommés, le plus équitablement qu'il leur sera possible. Et à l'égard de ceux qui sont compris dans l'imposi-tion royale autres que ceux qui y sont employés comme pauvres, par proportion la plus équitable qu'il se pourra de leurs biens et des sommes pour lesquelles ils sont cotisés dans les rôles desdites impositions ».

Et pour être sûr que les sommes ainsi fixées par chaque habitant étaient régulièrement payées, des mesures sévères étaient prises à cet égard.

En effet, tous ceux qui étaient compris dans les listes et taxés, devaient payer leur part tous les quinze jours et d'avance entre les mains de la personne nommée pour recueillir ces sommes. Ceux qui n'avaient pas payé dans le temps voulu pouvaient pour la prochaine échéance être taxés au double. Ceux qui avaient établi les listes des pauvres et les sommes allouées s'assemblaient chaque dimanche pour distribuer le pain et les secours et pourvoir à tout ce qui regardait la subsistance des pauvres.

Les personnes qui estimaient que la taxe qu'on leur imposait était trop élevée devaient s'adresser au lieutenant général du siège social de la Province. Le lieutenant général y pourvoyait par une simple ordonnance qui était rendue sur les conclusions du substitut du Procureur du roi dans la huitaine.

Et enfin, comme cette ordonnance n'était faite que parce que l'année avait été mauvaise et qu'un certain nombre de pauvres n'avaient pu trouver de travail, elle ne devait avoir d'effet que jusqu'au mois de juillet de l'année suivante. Aussi, elle se terminait en recommandant expressément aux pauvres de travailler toutes les fois qu'ils en auraient l'occasion. Elle défendait de leur donner aucun secours lorsqu'il y avait de l'ouvrage dans les endroits où ils se trouvaient et où ils pouvaient gagner de quoi vivre. Enfin autant qu'il était possible, il fallait donner aux femmes et aux enfants du travail, quitte à leur faire l'avance de fournitures dont la valeur était récupérée sur le produit de leur travail.

Nous arrivons maintenant à la déclaration du 25 juillet 1700 qui est une des plus importantes et des plus complètes qui aient été rendues à cette époque sur la mendicité[1]. Le préambule, indique d'une façon très nette, les causes qui l'ont rendue nécessaire : « La stérilité et les maladies arrivées durant une partie des années 1693 et 1694 ayant donné lieu à plusieurs de nos sujets qui demeuraient à la campagne de chercher dans les villes les secours dont ils avaient besoin, la plupart ont trouvé tant de douceur à gagner par la mendicité, dans une vie libertine et fainéante, beaucoup plus qu'ils ne pouvaient recevoir par le travail le plus rude et le plus continu qu'ils pouvaient faire, que l'heureuse moisson qu'il plut à Dieu de donner à toutes les provinces de notre royaume en ladite année 1694 et les soins que l'on a pris dans la suite, n'ont pu les retirer de ce genre de vie dans laquelle même ils élèvent leurs enfants. Et comme la piété et la prudence nous obligent également d'employer toutes sortes de moyens pour les rappeler à leur devoir, soit par une juste punition de leur fainéantise, s'ils y persistent, soit par des secours et des charités que nous voulons bien leur faire, en cas qu'ils reprennent dans une vie innocente la culture des terres et les autres ouvrages de la campagne, dont une partie demeure faute d'ouvriers, ou par la cherté excessive des salaires qu'ils exigent, et voulant en même temps pourvoir, autant qu'il est possible, au soulagement des véritables pauvres et à l'éducation de leurs enfants, dont la conservation nous est chère et très importante à l'état ».

---

[1] Déclaration du roi pour obliger les pauvres mendiants à aller travailler à la campagne (Bibliothèque de Besançon, liasse d'archives n° 63).

Voici quelles étaient les dispositions principales de cette déclaration :

Tout d'abord, l'ordonnance enjoint à tous ceux qui ont quitté la campagne, hommes, femmes et enfants valides et capables de gagner leur vie par leur travail, de travailler aux ouvrages dont ils peuvent être capables dans les lieux de leur naissance ou dans les lieux qu'ils ont habités pendant trois ans, et cela sous peine d'être traités et punis comme des vagabonds. Quant aux mendiants, fainéants et vagabonds sans emploi qui ont envahi les cités, ils doivent les quitter au plus vite et se retirer dans les lieux de leur naissance. Il leur est interdit de se réunir plus de quatre ensemble, de stationner sur les grands chemins, et d'aller dans les fermes sous prétexte de demander l'aumône.

S'ils contreviennent à ces défenses, ils seront fustigés pour la première fois. Pour la seconde, ceux qui n'ont pas vingt ans, recevront le fouet et seront mis au carcan ; ceux qui auront plus de vingt ans, seront condamnés à cinq ans de galère. Les femmes seront enfermées un mois dans les hôpitaux et en cas de récidive fustigées et mises au carcan.

Et pour enlever aux pauvres toute velléité de mendier, l'ordonnance interdit à toute personne, de quelque qualité et condition qu'elle soit, et cela à peine de 50 livres d'amende applicable aux hôpitaux généraux, de donner quoi que ce soit aux mendiants, soit dans les églises, dans les rues ou aux portes.

Dans sa seconde partie, l'ordonnance de 1700 s'efforce par de sérieux avantages de faire réintégrer les campagnes. Tout d'abord, pour être sûr que ceux qui y retourneront trouveront en route leur subsistance, des ordres nécessaires ont été donnés aux commissaires des provinces pour y pourvoir. Il suffit pour cela que les mendiants rapportent un certificat du juge de police du lieu de leur départ contenant l'itinéraire et le terme de leur voyage.

Tous les mendiants valides, une fois arrivés à la campagne, devront travailler à la moisson, aux vendanges et aux autres travaux agricoles afin de gagner leur subsistance. Et pour leur assurer les moyens de vivre dans la suite, des ordres furent donnés aux intendants et commissaires de la province de Fran-che-Comté de fournir aux mendiants des logements dans les paroisses où ils se seront retirés, et de leur donner pendant l'hiver du travail ou tout au moins des secours suffisants pour leur assurer le nécessaire.

Quant aux mendiants, qui à cause de leurs infirmités ou de leur vieillesse, n'étaient pas en état de gagner leur vie par leur travail, ils devaient se retirer soit dans les lieux de leur nais-sance où ils auraient les secours nécessaires, soit dans les hôpitaux généraux les plus proches où ils seraient reçus et traités comme les autres pauvres. Mais une fois enfermés, on ne devait les laisser sortir sous aucun prétexte.

Les femmes allaitant des enfants furent autorisées à se reti-rer dans les hôpitaux généraux tout le temps jugé nécessaire. Elles avaient, ce temps écoulé, la faculté d'emmener leurs enfants ou de les laisser à l'hôpital qui se chargeait de les élever.

Et pour encourager les travailleurs qui voudraient rester définitivement à la campagne et prendre une petite culture, il fut décidé que, pendant cinq ans, ceux qui auraient un éta-blissement solide et permanent rapportant jusqu'à 30 livres de revenu seraient exempts de la taille. Enfin, on exhortait les laboureurs et les autres habitants de la campagne à leur prêter la semence dont ils pourraient avoir besoin pour ensemencer lesdites terres sur la récolte desquelles, ils auraient un privilège spécial jusqu'à concurrence des avances qu'ils auraient faites.

Les lieutenants généraux de police devaient tenir la main à l'exécution de cette ordonnance ; encourager les bonnes volontés et traquer sans pitié les fainéants et les vagabonds.

Chapitre VII

L'AUMONE GÉNÉRALE. — SA FONDATION

Nous arrivons maintenant à la fondation du bureau de l'Aumône générale qui représente certainement l'effort le plus considérable accompli à cette époque pour mettre un terme à la mendicité qui régnait d'une façon si intense dans la ville de Besançon.

Son existence officielle remonte à l'année 1712 où des lettres patentes [1], lui donnant différents avantages, lui furent accordées par le roi. Mais déjà le bureau de l'Aumône générale était fondé depuis quelques années.

Il semble que l'idée et le fonctionnement de cette aumône générale doivent être attribués à un jésuite, le père Dunod [2] qui avait, en l'année 1708, proposé un plan capable d'après lui d'anéantir complètement la mendicité. Il consistait à faire distribuer chaque dimanche matin à l'église de Saint-Donat, une quantité de pain suffisante pour assurer la nourriture de tous les mendiants. Et pour être sûr que personne d'autre ne mendierait, il proposait d'entretenir un certain nombre de gardes chargés spécialement de surveiller les mendiants et d'empêcher qui que ce soit de demander l'aumône. Ce fut certainement des

---

(1) Archives départementales. C. 31.
(2) Décisions municipales. Registre nº 123.

idées de ce religieux que s'inspirèrent les fondateurs du bureau de l'Aumône générale. Le plan du père Dunod, repris dans des proportions plus vastes, servit vraisemblablement de base à l'Aumône générale.

But de l'Aumône générale

Le but principal de l'œuvre de l'Aumône générale était d'anéantir d'une façon complète la mendicité, de pourvoir au soulagement des bons pauvres, de faire cesser dans Besançon la mendicité et la fainéantise, d'arrêter les désordres et les scandales des mauvais pauvres et de pourvoir, autant qu'il était possible, à leurs plus pressants besoins spirituels et temporels, ce à quoi on n'était pas encore parvenu malgré tous les efforts qui avaient été tentés. Ce but représentait un travail prodigieux, car pour arriver à anéantir la mendicité, il fallait que le bureau de l'Aumône générale ait la direction et la main mise non seulement sur ceux qui étaient pauvres, mais encore sur tous ceux qui pouvaient être susceptibles de le devenir.

Aussi, non seulement le bureau de l'Aumône générale devait connaître très exactement la liste des pauvres de Besançon, mais il étendait encore ses soins aux mendiants de passage, aux mendiants prisonniers, aux pauvres honteux, aux prisonniers de droit commun, aux orphelins et aux enfants pauvres qu'on mettait par métier dans la ville.

L'œuvre était immense. Pour la mener à bien, il fallait des ressources considérables et une organisation parfaite.

Nous allons examiner d'abord quels furent les moyens employés pour arriver à anéantir la mendicité et à supprimer les pauvres et ensuite la composition, l'organisation et le mécanisme du bureau de l'Aumône générale.

Lettres patentes de 1712 et privilèges accordés
à l'Aumône générale

Par lettres patentes accordées en 1712 [1], le roi, après s'être déclaré protecteur de ladite Aumône générale de Besançon, ajoutait : « Voulons qu'elle soit régie et gouvernée sous la conduite des exposants, indépendamment d'aucun de nos officiers auxquels nous en interdisons toute connaissance et juridiction, et qu'à cet effet le bureau de ladite Aumône générale demeurera composé comme il l'est à présent du vicomte Mayeur, lieutenant général de la ville de Besançon, du premier échevin, de deux conseillers assesseurs commis par ledit magistrat, des curés de la dite ville et de six personnes notables choisies par les sujets fixes qui composent le bureau, lesquels notables serviront pendant trois ans au bout desquels ils pourront être changés ou continués, sans y pouvoir jamais être uni ou incorporé aucun corps ni communauté, confirmant en tant que de besoin et approuvant l'établissement du bureau, et toutes les résolutions et délibérations qui y seront prises pour le bien et le soulagement des pauvres, avec pouvoir de les faire exécuter nonobstant toutes oppositions, appellations ou empêchements ».

Le roi accorde ensuite au bureau de l'Aumône générale une sorte de privilège sur toutes les aumônes qui seront faites aux pauvres de quelque façon que ce soit. Ainsi les dons, legs, institutions d'héritiers générales ou particulières, faites par contrats, testaments ou autres dispositions ; toutes adjudications

----

(1) Archives départementales, C. 31.

d'aumônes faites dans la ville de Besançon en termes généraux aux pauvres sans autre désignation seront et appartiendront à l'Aumône générale et pourront être revendiquées par les directeurs du bureau.

En plus de cela, toutes les aumônes de fondation, soit en argent, en graines ou autres denrées, dont les communautés ou les particuliers étaient chargés appartiendront à l'Aumône générale et pourront être revendiquées par les directeurs du bureau pour être appliquées, comme ils l'entendront, au profit des pauvres de la ville.

Voilà donc l'Aumône générale qui est à la tête de toutes les charités et de toutes les fondations. Et pour être sûr que les pauvres qui solliciteront des secours seront obligés de passer par son intermédiaire, on leur défend sous les peines les plus rigoureuses, à quelque sexe qu'ils appartiennent, quel que soit leur âge, de mendier dans la ville de Besançon, aux portes des églises et des maisons, de jour ou de nuit, sans aucune exception de fêtes solennelles, pardon ou jubilé, assemblées, foires ou marchés. Et pour empêcher les pauvres de contrevenir à cette défense, l'Aumône générale entretient un certain nombre de gardes qui seront spécialement chargés de surveiller les mendiants, de les arrêter et de faire sortir de la ville ceux qui seraient surpris en train de mendier.

Il était même ordonné aux propriétaires ou locataires de maisons de retenir et d'arrêter les mendiants jusqu'à ce qu'ils aient averti les directeurs ou les gardes de l'aumône générale,

Et les directeurs avaient le pouvoir de faire arrêter les mendiants et de les faire corriger. Cependant, dans les cas graves, ils n'étaient plus compétents.

Seuls, les directeurs de l'Aumône générale devaient faire l'aumône et secourir les pauvres. Personne, de quelque condition et qualité qu'il soit, n'avait le droit de donner manuellement l'aumône aux mendiants ni dans les églises, ni dans la rue sous peine de 10 livres d'amende. Sous peine de 50 livres d'amende, il était interdit de loger, vêtir ou retenir les fainéants, étrangers ou gens sans aveu, et sous quelque prétexte que ce soit. En cas de récidive, les amendes étaient doubles et elles étaient attribuées à l'Aumône générale. En outre les directeurs pouvaient faire saisir les lits, matelas, couvertures et paillasses dans lesquels les mendiants auraient été couchés, et cela sans formalité de justice ou espoir de restitution.

Comme toutes ces mesures étaient nouvelles et que les gardes chargés de les faire appliquer n'étaient pas très sympathiques, on recommandait expressément aux officiers, soldats, bourgeois et autres personnes, de ne pas molester, injurier ou maltraiter les gardes chargés d'arrêter les pauvres.

Pour empêcher les pauvres étrangers de se glisser dans la cité, les portiers et les commis établis aux portes de la ville sont chargés de n'y pas laisser entrer les mendiants et les gens sans aveu. De même les bateliers, les voituriers et les autres personnes sont priés de ne pas introduire ou favoriser l'introduction des mendiants s'ils ne veulent être frappés de 50 livres d'amende.

Les officiers, huissiers, sergents et toute autre personne doivent à l'occasion prêter main-forte aux gardes de l'Aumône lorsqu'ils en ont besoin.

Les directeurs de l'Aumône générale seuls auront le droit de faire poser des troncs, des bassins, des grandes et des petites boîtes dans toutes les églises de la ville et dans les lieux ou les endroits qu'ils trouveront convenables, sans aucune exception. De même, seuls ils auront le droit de quêter ou de faire quêter avec les boîtes de l'Aumône générale, non seulement aux portes des églises de la ville, mais encore dans l'intérieur des églises, après les sermons et les prônes, dans les concours et solennités ; tous ceux ou celles qui y mettraient obstacle seraient frappés de cent livres d'amende.

Les directeurs pourront accepter ou recevoir tous les dons, legs, gratifications, institutions qui seront faits à l'Aumône générale, par actes entre vifs ou de dernière volonté. Ils pourront vendre ou aliéner les biens, meubles et immeubles, de l'Aumône générale et en disposer comme ils le trouveront plus à propos pour l'avantage des pauvres, transiger, compromettre. Le tout sans qu'ils en soient responsables ni tenus d'en rendre aucun compte à quelque personne que ce soit, sinon audit bureau. Si les directeurs acquièrent plus tard quelques maisons ou propriétés, ces fonds sont amortis d'avance et les directeurs n'auront donc rien à payer de ce côté.

L'Aumône générale et toutes les maisons ou habitations qui lui appartiennent étaient également exemptes de tout logement, passage ou contribution des gens de guerre. Il était défendu aux lieutenants généraux, maréchaux de camp, colonels, capitaines, d'y loger ou de souffrir que leurs soldats y logent.

De même encore, l'Aumône générale et tout ce qui pourrait lui appartenir par la suite est exemptée de tous subsides, péages, entrées ou autres droits sur les grains, vins, bois, denrées, marchandises ou matériaux nécessaires pour entretenir une construction quelconque. Elle n'avait point non plus à payer d'impositions royales, publiques ou particulières, était exemptée également de droits d'octroi, de guet, de garde, et en général des contributions publiques ou particulières quelles qu'elles soient.

Et comme il était interdit aux pauvres de tendre la main et qu'on priait les personnes charitables de ne plus faire l'aumône, les directeurs du bureau de l'Aumône générale exhortèrent chacun à soutenir par ses charités ce nouvel établissement de bienfaisance.

Nous voyons donc, à l'examen des divers moyens qu'il comptait employer pour éteindre la mendicité, que le bureau de l'Aumône générale était une institution revêtue de pouvoirs extrêmement étendus. Les directeurs seuls étaient compétents pour réglementer l'Aumône générale, ils avaient sur les pauvres des droits de juridiction avec la faculté d'entretenir des gardes qui pouvaient les arrêter et les emprisonner.

Les ressources de l'Aumône générale se composaient tout d'abord du produit des quêtes que seuls les directeurs avaient le droit de faire et ensuite des dons et donations déjà faits et qui dans la suite pouvaient lui échoir. Exemple de tous impôts, elle pouvait, mieux que tout autre, réunir les ressources importantes qui lui étaient nécessaires pour soulager les pauvres. Ceux-ci, ne recevant plus rien du public étaient forcément obligés de passer par l'Aumône générale qui pouvait plus facilement se rendre compte de leurs besoins et éviter ainsi de donner mal à propos ; et grâce aux gardes, les mendiants étrangers ou vagabonds étaient expulsés de la ville. C'était en quelque sorte le trust des aumônes dont l'Aumône générale devait avoir le monopole.

Il fallait à une œuvre semblable une organisation considérable et un personnel nombreux. C'est cette organisation que nous allons avoir à examiner.

Règlements généraux et personnels de l'Aumône générale (1)

Le but de l'Aumône générale était, comme nous l'avons vu, de faire cesser la mendicité et la fainéantise dans la ville de Besançon et de pourvoir à la nécessité des pauvres qui n'étaient pas dans les hôpitaux de la ville.

Le Bureau comprenait un personnel nombreux composé tout d'abord des directeurs nommés en raison de leurs fonctions. C'étaient le maire, le premier échevin, deux députés du magistrat et les curés de la ville. En dehors d'eux, il y avait un certain nombre de directeurs ayant chacun une fonction particulière et choisis parmi les notables de la ville. Ils étaient changés et renouvelés tous les trois ans.

Les directeurs avaient chacun un travail spécial. C'étaient : le secrétaire, le syndic du Bureau, l'avocat du Bureau, le trésorier, le contrôleur, le directeur du blé et du grenier, le distributeur du pain en chef, l'inspecteur des gardes, le directeur des passants, le directeur des mendiants prisonniers, le directeur des pauvres honteux, le directeur des prisonniers, le directeur du spirituel, le directeur de la manufacture, le directeur des orphelins et des enfants qu'on met à métier par la ville, le directeur des quêtes, le directeur des troncs, un médecin directeur des pauvres malades qui sont par la ville, un solliciteur et un inspecteur général.

Il faut ajouter à ce nombreux personnel un procureur, un notaire et un chirurgien. Mais ces derniers ne faisaient pas partie du Bureau.

______

(1) Bibliothèque de Besançon, liasse d'archives n° 63.

Le Bureau devait s'assembler deux fois par semaine et ne s'occuper que des questions qui intéressaient principalement l'Aumône générale et le produit des quêtes qui étaient faites dans la ville. Il examinait les requêtes présentées par les pauvres, admettait aux secours ceux de la ville, s'occupait des mendiants prisonniers, des pauvres étrangers qui se glissaient dans Besançon, réglait les distributions de pain à la maison de ville et contrôlait la qualité de ce pain.

Le Bureau devait se renseigner très exactement sur le bien spirituel des pauvres, savoir s'ils entendaient la messe chaque dimanche, s'ils fréquentaient les sacrements, enfin quel était le degré de moralité de chacun d'eux, afin de punir les fainéants et les ivrognes.

Tous les quinze jours un directeur était chargé d'assister à la messe des pauvres et à leur instruction ainsi qu'à la distribution du pain.

Les directeurs devaient encore s'occuper des procès en cours, du grenier et du blé, des aumônes fixes, des moyens de grossir la bourse du trésorier et d'amasser de l'argent.

Pour arriver à faire toujours mieux, les directeurs qui sortaient de charge, devaient indiquer par écrit ce qu'ils pensaient être utile de tenter pour le bien des pauvres.

Tous les ans, il y avait une séance extraordinaire du Bureau où les affaires les plus importantes devaient être traitées.

On passait enfin plusieurs fois par an, sous forme de procession, une sorte de revue des pauvres secourus par le Bureau.

Le jour de la Saint-Laurent, procession générale de tous les pauvres qui recevaient le pain et étaient secourus par l'Aumône générale. Le Bureau en corps y assistait également. A l'issue de cette procession, il était donné aux pauvres une gratification en argent et en denrées. La procession partait de la.

maison de ville jusqu'au Petit Battant. Le jour de Saint-Jean l'Aumônier on renouvelait pareille cérémonie ; mais en changeant de parcours : la procession partait du Petit-Battant pour aboutir à Saint-Pierre.

L'Aumône générale avait quelques fonds, mais jamais elle n'abandonna les quêtes dans les églises, ni les troncs. Cependant, le Bureau ne permettait pas d'impositions exhorbitantes, de taxes nouvelles, ni de quêtes générales afin d'éviter que la charité ne devienne odieuse. Ce fut du reste une promesse faite dès la fondation du Bureau et qui fut affichée dans les carrefours de la ville.

Secours accordés aux pauvres de la ville (1)

Le principal but de l'Aumône générale était de secourir les pauvres de la ville et comme sa sollicitude devait s'étendre à tous, il y avait pour cela fort à faire et la tâche était considérable.

Pour avoir droit à des secours, les pauvres devaient tout d'abord appartenir à une des paroisses de Besançon et être inscrits au bureau de l'Aumône. La distribution du pain se faisait le matin de chaque dimanche à l'hôtel de ville. Mais avant de recevoir leur ration, les pauvres devaient avoir entendu la messe et l'instruction à Saint-Pierre et réciter des litanies en faveur de ceux qui leur faisaient l'aumône.

Le directeur en chef du pain devait assister à la distribution avec trois commissaires chargés de faire les répartitions. En outre, le visiteur du Bureau assistait à cette cérémonie et avait

______

(1) Règlement de l'Aumône générale (Bibliothèque de Besançon, liasse d'archives n° 63).

pour mission de maintenir l'ordre, de voir si les pauvres étaient rangés par paroisse, si le pain était bon et si les miches étaient de poids.

On était très sévère pour la distribution du pain. Un pauvre qui désirait y avoir droit devait adresser une requête au bureau de l'Aumône générale. (Aucune famille n'était secourue si elle n'était dans la ville depuis au moins trois ans). Le Bureau assemblé examinait le bien fondé de sa demande et déléguait un commissaire pour le visiter dans sa maison et pour s'informer dans le quartier de ses besoins qui seuls servaient de règle pour les secours à donner. Les charités se faisaient presque toujours en nature et le pain était de premier choix, et de pur froment. On ne distribuait d'argent qu'aux passants pauvres, et encore le moins possible pour éviter de les attirer. En leur donnant, on avait soin de les mettre à la porte de la ville.

On employait vis-à-vis des pauvres vagabonds et misérables qui avaient réussi à se glisser dans la ville un moyen particulier pour les encourager à ne pas y revenir et faire savoir à tous les gueux « qu'on ne gagne rien de venir en une telle ville ». Ils ne recevaient qu'un morceau de pain et on les mettait à la porte de la cité en les réprimandant.

Mais cette rigueur n'excluait pas l'humanité. En effet si des passants tombaient malades, on les envoyait à l'Hôtel-Dieu où ils étaient reçus sur un billet du maire. La vie spirituelle des pauvres était réglée à l'avance. C'est ainsi que tous ceux qui étaient secourus par l'Aumône générale devaient fréquenter les sacrements cinq fois par an, ceux qui ne remplissaient pas ces obligations se voyaient privés de leur part de pain.

Les directeurs du Bureau avaient, comme nous l'avons vu, le droit de faire arrêter et emprisonner les mendiants pris en flagrant délit. Ils avaient également à régler leur subsistance. Or, on ne leur donnait à chacun qu'une livre de pain par jour et de l'eau et on les faisait travailler. Ces gens-là, disait-on, craignent beaucoup plus l'eau et le travail que la prison et c'est la meilleure façon de les punir.

Le Bureau avait à cœur de ne faire la charité qu'aux pauvres réellement intéressants et il tâchait de les surveiller par tous les moyens possibles.

Tous les ans, vers la fin de novembre, on faisait une visite complète des pauvres de la ville qui recevaient du pain de l'Aumône générale. On cherchait à les surprendre pour qu'ils ne puissent rien cacher. On visitait leurs meubles et leur intérieur afin de voir au juste quelle était leur situation et d'augmenter ou de diminuer leur ration de pain. On s'informait aussi de leur conduite, de leurs mœurs et de leurs habitudes,

En dehors de cette visite générale faite une fois l'an, il y avait dans chaque quartier des commissaires qui étaient chargés de surveiller les pauvres. Ils examinaient léur conduite, leur façon de vivre, s'informaient s'ils ne vendaient point le pain de la charité pour acheter du vin ou du tabac. Le syndic des commissaires tenait un registre secret de tous les mendiants fainéants, ivrognes et buveurs qui étaient indignes de l'aumône, et cela pour les faire punir s'il le jugeait nécessaire.

Enfin le Bureau recommandait de se méfier de ceux qui se disaient ermites ou qui contrefaisaient les muets, les esclaves ou les bohémiens; de ceux qui prétendaient que leur maison était brûlée ou qui voulaient changer de religion. Tous ces gens-là devaient incessamment sortir de la ville, car tous les scélérats et les gens sans aveu se contrefont et se déguisent pour tromper et obtenir ainsi des secours auxquels ils n'ont pas droit.

———————

Chapitre VIII

LES DIRECTEURS PARTICULIERS DU BUREAU
DE L'AUMONE GÉNÉRALE

Nous avons vu que le bureau de l'Aumône générale était composé d'un certain nombre de directeurs qui avaient tous une fonction particulière [1]. Nous allons dire un mot de chacun d'eux et de ses attributions spéciales.

Le Secrétaire du bureau

Le secrétaire était ordinairement un avocat, son rôle était des plus importants. Il était chargé d'écrire toutes les délibérations prises par le bureau. C'était lui qui signait ces délibérations. Il nommait le visiteur et l'Intendant.

Le secrétaire avait le soin et la surveillance de tous les registres de l'Aumône générale. Il avait également la surveillance des registres, le contrôle des quêtes, des registres où se trouvaient inscrits le nom des pauvres, leur demeure, la location de leurs maisons, le pain qu'on leur avait distribué. Il devait inscrire les visites que l'on avait faites dans les maisons des pauvres ; le

____

(1) Réglement de l'Aumône générale (Bibliothèque de Besançon, liasse d'archives n° 63).

nom des mendiants prisonniers ; il avait un double des comptes du trésorier. Le secrétaire était également chargé de toute la correspondance du bureau. Enfin, il devait de temps à autre passer chez les notaires de la ville pour s'informer si des legs pieux n'avaient pas été institués en faveur de l'Aumône générale et pour rappeler à ces notaires qu'ils n'oublient pas, lorsque leurs clients faisaient leur testament, l'Aumône générale.

Le secrétaire devait assister très régulièrement aux réunions du bureau et il avait pour l'aider dans son travail un sous-secrétaire.

Le Syndic du Bureau

Le syndic devait toujours être choisi parmi un des plus fameux avocats de Besançon. Il était chargé du soin des procès et devait examiner les affaires importantes et litigieuses de l'Aumône générale.

Le syndic devait se tenir au courant de toutes les déclarations royales, de tous les privilèges et de tous les réglements parus sur les hôpitaux et les établissements de bienfaisance.

Il avait à sa charge la tenue de deux registres: sur le premier il devait dresser la liste des papiers, des procès et des différentes affaires concernant l'Aumône générale. Dans l'autre étaient inscrits tous les biens fixes de l'Aumône : les fonds, les rentes, les maisons, les fermes, les droits seigneuriaux. En face, se trouvaient les dettes et les charges de l'Aumône générale. Enfin il devait veiller à ce que rien ne se perde et à ce que les fonds s'élèvent sans cesse.

C'était au nom du syndic qu'étaient passés tous les actes de justice.

L'avocat du Bureau

L'emploi de l'avocat de l'Aumône générale était de plaider les causes des pauvres après avoir consulté le syndic et les députés du magistrat de la ville. Le syndic étant généralement un avocat consultant qui ne plaidait plus, il fallait en choisir un autre fréquentant le barreau.

L'avocat ne devait plaider les causes des pauvres que lorsque leur bon droit était absolument violé et lorsqu'il était certain d'obtenir gain de cause.

Le Trésorier

Il n'y avait jamais qu'un seul trésorier. Il était chargé de recevoir tout l'argent des revenus fixes et du casuel de l'Aumône générale. En outre, il recevait l'argent des quêtes, des aumônes et des fabriques.

C'était lui également qui recevait l'intérêt des rentes et tous les revenus en argent qui étaient dus. Il donnait les quittances nécessaires, mais seulement sur l'ordre du bureau.

Tous les mois, le trésorier donnait au contrôleur les sommes d'argent qu'il avait reçues et les aumônes qui avaient été faites afin que le contrôleur les inscrive chaque mois sur son registre. Il lui donnait en même temps le nom des citoyens qui avaient fait des aumônes considérables pour aller les en remercier. Il ajoutait la liste des personnes qui avaient coutume de donner et celles qui négligeaient de le faire, afin qu'on le leur rappelle.

Quant à ceux qui voulaient tenir secrètes leurs aumônes, le trésorier les inscrivait sur un registre particulier.

Tous les six mois le trésorier devait rendre ses comptes devant trois députés qui les signaient, en faisait un rapport au bureau et les présentait à la signature du maire.

Jamais le trésorier ne devait garder sans la faire fructifier une somme un peu considérable. Il était également chargé de payer les gardes tous les 15 jours. Certaines recommandations sérieuses étaient faites au trésorier ; il lui était interdit de prêter l'argent des pauvres et il ne devait pas non plus le faire fructifier pour lui. Enfin quelque fonds que le trésorier ait entre les mains, il ne fera ni le riche, ni le pauvre « faire le riche, cela nuit ; faire le pauvre et se plaindre sans cesse, cela dégoûte ».

Pour surveiller les opérations du trésorier, se trouvait le contrôleur.

Le directeur du blé et du grenier

La plus grande dépense de l'Aumône générale consistait en achat de blé dont on faisait des provisions considérables et qui en temps voulu était distribué aux pauvres. Aussi, la fonction de directeur du blé et du grenier était-elle considérée comme une des plus importantes. Il était nécessaire en effet de faire les provisions au moment propice et de ce fait l'Aumône générale pouvait gagner ou perdre beaucoup.

Le directeur du blé et du grenier devait faire les provisions au jour qu'il jugeait opportun. Néanmoins la règle était de remplir le grenier de l'Aumône en même temps que celui de la ville et d'acheter le blé dans les mêmes conditions. Les provisions de blé étaient énormes ; elles se montaient à plus de trois mille mesures par an. C'était toujours du froment qui devait être acheté à moins que la récolte n'ait complètement manqué, ou que le « froment fût d'une cherté horrible ».

Le directeur avait seul les clefs du grenier et pas une mesure de blé ne pouvait en sortir sans son autorisation. Il devait encore veiller à la bonne conservation du grain : le faire remuer de temps à autre de peur qu'il ne s'échauffe et veiller à ce que les bêtes ne le détériorent pas.

Il fallait au directeur du blé une vigilance extraordinaire afin d'éviter qu'on ne le trompe, soit en achetant le blé, soit en le faisant conduire et remettre au grenier qui est à la maison de ville, soit en le faisant remuer, soit en le faisant mener au moulin et du moulin au Petit-Battant où on faisait le pain ; soit en faisant reporter le pain du Petit-Battant à la maison de ville pour le distribuer aux pauvres. Le directeur ne devait employer pour toutes ces manipulations que des gens connus et qu'il devait surveiller de près.

On recommandait encore au directeur de se méfier des boulangers qui faisaient le pain et de faire attention qu'ils ne mettent pas de son à la place de la fleur de farine.

Le directeur du grenier était ordinairement distributeur du pain en chef. Tous les dimanches matin il devait assister à la distribution du pain qui se faisait à la maison de ville. Il était accompagné du visiteur de semaine et de trois commissaires de quartier dont le syndic tenait le registre des pauvres pour les appeler tour à tour.

Le directeur avait deux registres des pauvres : l'un qu'il apportait à la distribution et l'autre qu'il gardait chez lui.

L'inspecteur des gardes

Sa charge était de surveiller les gardes et de veiller à ce que les pauvres ne se trouvent pas dans la rue. Son rôle était délicat, car comme nous l'avons déjà dit. la sympathie du public n'était pas toujours du côté des gardes.

Le directeur des passants et des mendiants prisonniers

L'inspecteur des gardes faisait la plupart du temps l'office de directeur des passants pauvres. Il était chargé de veiller sur les passants étrangers et de les faire incessamment sortir de la ville pour qu'ils n'y mendient point. Il recommandait aux soldats gardiens des portes de ne point laisser pénétrer de mendiants à Besançon. Il devait donner avec prudence des secours aux pauvres passants.

Tous les trois mois, il portait au bureau le chiffre des dépenses occasionnées pour les pauvres étrangers et sur le champ il était remboursé.

Le directeur des passants était encore le directeur des mendiants prisonniers. Les mendiants pris et arrêtés étaient conduits dans la maison du Petit-Battant.

On choisissait généralement pour ces emplois des magistrats à cause de leur autorité.

Le directeur des pauvres honteux

La surveillance des pauvres honteux n'incombait pas précisément au bureau de l'Aumône générale. En effet un établissement de bienfaisance appelé la confrérie de la Croix s'occupait particulièrement de cette espèce de mendiants. Mais dans Besançon les pauvres honteux ou soi-disant tels se laissaient aller à commettre toutes sortes de désordres. Ils passaient en effet leur temps à se promener dans la ville et à demander l'aumône pour faire ensuite bonne chère. Comme ils étaient en général bien mis, il était difficile aux gardes de les reconnaître.

Aussi, pour s'efforcer de combattre ces abus, l'Aumône générale avait nommé un directeur des pauvres honteux, chargé spécialement, non pas de leur faire l'Aumône, car cela regardait la confrérie de la Croix, mais de les surveiller et d'éviter leurs scandales. Le directeur devait veiller à ce qu'ils ne mendient pas à travers la ville. Il devait s'efforcer de reconnaître ceux qui étaient vraiment intéressants, et faire travailler et punir les autres. Il devait encore faire distribuer des habits convenables aux pauvres pour qu'il n'y ait pas de gens en haillons par la ville.

Le directeur des prisonniers

Pour éviter des désordres dans les prisons publiques, l'Aumône générale a nommé un directeur des prisonniers.

Les prisonniers en effet, plus peut-être encore que les pauvres honteux, inspirent de la pitié aux personnes qui les visitent et savent fort bien apitoyer sur eux-mêmes.

A proprement parler le but de l'Aumône générale n'était pas de s'occuper des prisonniers; mais comme les plaintes de ces derniers étaient incessantes, on nomma un directeur chargé de recueillir le bien fondé de ces plaintes. Le rôle de ce directeur des prisonniers, consistait surtout à surveiller la tenue et le bon ordre des prisons. Il devait veiller à ce que les sexes soient séparés ; il devait s'assurer que les prisons n'étaient pas des cabarets où les prisonniers buvaient et s'enivraient. D'un autre côté, il devait s'assurer que les prisonniers ne manquaient ni de pain, ni de paille, ni de charbon. Comme les aumônes étaient faites souvent mal à propos, le directeur devait y veiller et leur donner le meilleur emploi possible. Avec l'argent envoyé aux prisonniers, il achetait des habits et du linge. Il punissait les prisonniers qui se conduisaient mal et s'enivraient.

Le directeur des orphelins et des enfants qu'on met à métier par la ville

Le directeur des orphelins devait avoir la liste complète de tous les orphelins de la ville qui n'étaient point à l'hospice de la charité, ou à l'hôpital du Saint-Esprit.

Son rôle était de s'occuper spécialement des orphelins de la ville et de leur servir de père puisqu'ils ne pouvaient subsister sans les secours du bureau. Il ne devait pas souffrir qu'ils mendient par la ville. S'ils avaient l'âge, il les plaçait dans des fabriques, sinon le bureau leur fournissait du pain.

Puis il se chargeait de les loger et il les confiait à des gens qui s'occupaient d'eux et les élevaient jusqu'à ce qu'ils puissent entrer dans les fabriques. Enfin s'il mettait des pauvres ou des orphelins à métier, le directeur les visitait souvent et il veillait à ce que leurs patrons soient d'honnêtes gens et qu'ils fassent profiter les enfants.

En résumé, l'inspecteur devait surveiller d'une façon particulière tous les orphelins, se rendre compte de leur éducation, des progrès qu'ils accomplissaient, veiller à un bon placement de l'argent qu'ils gagnaient.

Le directeur des quêtes et des troncs

Dès ses débuts, l'Aumône générale n'avait pour toute ressource que ce qu'on voulait bien donner dans les quêtes qu'elle faisait dans les églises de la ville. Comme c'était pour elle une question vitale, un directeur était spécialement nommé pour effectuer ces quêtes. Il était chargé de les faire faire dans toutes les églises de Besançon, les jours de fête, et aux messes des paroisses et après les sermons. Les jours de fête, il faisait en outre placer un bassin à la porte des églises.

Seuls la métropole et les hôpitaux étaient exempts de ces quêtes. De même on ne faisait jamais de quête générale dans toute la ville. Il était également interdit de quêter dans les hôtelleries, dans les assemblées profanes, festins, noces, foires ou marchés.

Par les soins de ce directeur, des troncs devaient être placés dans toutes les églises. Il devait veiller à ce que les troncs soient solides, forts et bien fermés, afin d'éviter qu'ils ne soient forcés ou crochetés. Toutes les semaines les troncs devaient être vidés de leur contenu qui était remis au trésorier. Et le règlement indique un critérium pour se rendre compte si le directeur faisait bien son devoir. Le directeur, dit-il, est accusé de négligence aussitôt qu'on voit un tronc couvert de poussière ou de toiles d'araignée.

Le solliciteur

La tâche de ce directeur était l'une des plus délicates de l'Aumône générale, car elle consistait à faire augmenter les fonds de l'Aumône générale sans, par une trop grande persistance, irriter les fidèles.

Le solliciteur devait faire publier aux prônes et aux sermons tout le bien accompli par l'Aumône générale dans toute la ville et également les charges dont elle est accablée. Il chargeait les curés et les prédicateurs d'en parler souvent. En dehors de cela, le solliciteur devait veiller à tout ce qui concernait l'Aumône générale : aux amendes, aux confiscations, aux legs pieux, aux testaments des mourants, aux fonds perdus qu'on peut retrouver en faveur des pauvres. Il devait s'efforcer de faire multiplier les aumônes et d'en faire souvenir ceux qui semblaient les oublier. Et pour remercier les bienfaiteurs insignes d'une façon plus particulière, il devait mettre leurs armes et leurs tableaux à la maison de l'Aumône générale. Il allait également remercier ceux qui avaient fait des aumônes considérables. L'aumône devait être de 20 écus pour que le solliciteur remercie ; elle était qualifiée de considérable si elle s'élevait à 50 écus.

En un mot le rôle du solliciteur consistait à augmenter les revenus de l'Aumône par tous les moyens possibles.

L'inspecteur général

Le rôle le plus important et le plus considérable était celui d'inspecteur général. Ce directeur était le premier député du magistrat. Il était l'âme du Bureau. Sans tâche définie, il était chargé de tout surveiller et de tout contrôler : les règlements généraux et les règlements particuliers. Il veillait à ce que les directeurs accomplissent leur tâche avec zèle ; il surveillait les commissaires et exigeait que leurs rapports soient exacts et fidèles ; il contrôlait et signait les registres. Il était en un mot l'œil et la main de l'Aumône générale.

Des gardes

Pour faire observer ses règlements et faire surveiller les pauvres dont elle avait la responsabilité complète, l'Aumône générale avait et entretenait des gardes qui généralement étaient au nombre de cinq : quatre gardes et un brigadier qui les commandait.

Le choix des gardes était chose importante car de leur zèle et de leur fermeté dépendait la tranquillité de la ville. Ceux-ci prêtaient serment entre les mains du maire de la ville, président du Bureau.

Leurs attributions consistaient à surveiller spécialement les pauvres de la ville, à veiller à ce qu'ils ne mendient pas et n'enfreignent pas les règlements de l'Aumône générale. Ils devaient arrêter les pauvres et les vagabonds et ce n'était pas toujours chose facile, car ils étaient en général peu aimés des habitants. Aussi leur recommandait-on d'agir avec tact et de ne pas passer dans la ville pour des brutaux, des violents, des ivrognes ou des joueurs. Ils assistaient encore à la distribution du pain et ils surveillaient les pauvres qui venaient y prendre part.

Ces gardes avaient un uniforme spécial et étaient logés et entretenus aux frais de l'Aumône générale.

Chapitre IX

L'ŒUVRE ACCOMPLIE PAR L'AUMÔNE GÉNÉRALE

Comme nous l'avons vu, la tâche que s'était imposée l'Aumône générale était considérable puisqu'elle s'adressait à tous et s'efforçait de secourir toutes les misères. Et incontestablement l'œuvre accomplie par l'Aumône générale fut des plus utiles. Mais ce qui nous frappe, c'est son caractère étroitement confessionnel.

Lorsque le pain est distribué le dimanche, avant tout, les pauvres doivent entendre la messe, assister à une instruction qui avait lieu à l'église Saint-Pierre et réciter les litanies de la Vierge pour la ville et pour ceux qui leur font l'aumône [1]. Tous les pauvres qui recevaient le pain étaient tenus de fréquenter les sacrements cinq fois l'an, en donnant leurs billets imprimés aux confesseurs qui les renvoyaient aux curés de la paroisse. Le Bureau faisait ôter le pain à ceux qui manquaient d'obéir à ces prescriptions [2].

Peu de temps après sa confirmation officielle par les lettres patentes de 1712, les directeurs de l'Aumône générale fondèrent dans une des extrémités de la ville, un hôpital appelé Saint-

---

[1] Règlement de l'Aumône générale. Article second. (Bibliothèque de Besançon, liasse d'archives n° 133).

[2] Id.

Jean-l'Aumônier [1], destiné à servir d'asile à de pauvres citoyens septuagénaires pour y finir leurs jours dans la retraite et le repos. L'Aumône générale reçut des bienfaits qui lui procurèrent les facultés nécessaires pour recevoir dans cet hôpital jusqu'à 44 vieillards [2], et cela indépendamment des distributions de pain publiques et des secours qui étaient apportés dans l'intérieur des familles pauvres.

Pendant trente années l'Aumône générale se soutint, à la faveur des libéralités publiques et elle put accomplir le programme que d'avance elle s'était tracée.

Puis l'Aumône générale subit une crise qui faillit lui être fatale et cela grâce à la création d'un nouvel établissement destiné à renfermer les femmes et les filles de mauvaise vie et qui fut appelé maison du Bon Pasteur.

En effet, en 1741, les personnes qui composaient l'administration voulurent étendre encore le domaine charitable de l'Aumône générale. Elles résolurent de faire cesser les désordres et les scandales des femmes et des filles débauchées de la ville de Besançon, estimant qu'elles étaient aussi nuisibles à la bourgeoisie qu'aux troupes qui occupaient cette place de guerre. Ils résolurent donc de créer un établissement pour renfermer cette catégorie de femmes [3].

L'Aumône générale fit l'acquisition d'une maison à laquelle était attenant un jardin et cette maison de force destinée à renfermer, corriger et occuper les femmes et filles débauchées fut appelée la maison du Bon Pasteur. Les directeurs de l'Aumône

---

(1) Aumône générale. Acquisition (Décisions municipales, registre n° 127).
(2) Requête au roi pour demander la séparation du Bon Pasteur de l'Aumône générale (Bibliothèque de Besançon, liasse d'archives n° 68).
(3) Décisions municipales. Registre n° 157.

générale obtinrent en mars 1747 des lettres patentes du roi [1], ordonnant que cette maison du Bon Pasteur serait jointe à perpétuité à l'Aumône générale et serait une de ses dépendances.

Dans cette maison, devaient donc être renfermées les filles et les femmes qui se prostituaient ou qui en prostituaient d'autres et celles qui avaient été condamnées pour une faute quelconque à être enfermées dans les hôpitaux. Cette maison, comme du reste primitivement l'Aumône générale, ne devait se soutenir que par les dons et les libéralités du public.

Or, quelque temps après sa fondation, une première difficulté se présenta. En effet, tous les juges de la province profitant de la création de cette maison de force, envoyèrent toutes les femmes et filles débauchées de leur ressort à la maison du Bon Pasteur [2]. Il s'ensuivit alors qu'un nombre considérable de prostituées envahirent en peu de temps cet établissement destiné à recevoir seulement les femmes ou filles trouvées à Besançon. Et les fonds de l'Aumône générale destinés aux pauvres de la ville servirent à peu près uniquement à la subsistance des filles ou femmes prostituées ou criminelles de la province.

Devant ces abus, les directeurs de l'Aumône générale se trouvèrent dans l'obligation de solliciter du roi un remède à cet état de choses et en 1770 le roi décida que désormais, ne seront reçus dans la maison du Bon Pasteur, que les femmes et les filles domiciliées ou trouvées dans la ville de Besançon [3].

Cet édit rendu, il semblait que l'Aumône générale allait de

____

(1) Délibérations municipales. Registre n° 157.

(2) Requête présentée au roy par les directeurs de l'Aumône générale (Bibliothèque de Besançon, liasse d'archives n° 63).

(3) Demande par les directeurs de l'Aumône générale de voir cet établissement désuni du Bon Pasteur et réponse affirmative du roi (Bibliothèque de Besançon, liasse d'archives n° 63).

nouveau prospérer comme auparavant. Mais une difficulté plus considérable allait survenir et toujours du fait de la création du Bon Pasteur.

Cette maison du Bon Pasteur n'aurait pu qu'être avantageuse, s'il y avait eu des fonds particuliers pour la faire vivre. Mais, l'Aumône générale dut se contenter d'acheter à crédit une maison qui fut sous sa dépendance. Les directeurs espéraient que les charités et les aumônes deviendraient plus abondantes et soutiendraient cet établissement. Le contraire arriva ; les libéralités qui, auparavant, étaient abondantes, se ralentirent tout à coup. Ceux qui venaient au secours des pauvres ne voulurent point que leurs bienfaits fussent employés, même en partie, à une destination étrangère, de sorte que le produit de l'Aumône générale diminua bientôt dans des proportions énormes. Les directeurs furent obligés de réduire le nombre des vieillards retirés à Saint-Jean l'Aumônier. Ils étaient 40, bientôt ils ne furent plus que 18 [1] : 12 hommes et 6 femmes. Les distributions de pain qui se faisaient auparavant furent réduites au quart. Et malgré tous ces sacrifices, l'Aumône générale était encore obérée ; et la cause principale en fut la surcharge apportée par la maison du Bon Pasteur.

Quand bien même le roi avait décidé que seules, les femmes et filles débauchées de Besançon seraient enfermées au Bon Pasteur, ce remède ne fut pas suffisant. Du reste une comparaison établie entre les recettes et les dépenses faites par l'Aumône générale pour l'entretien du Bon Pasteur, montre d'une façon bien évidente que la situation était loin d'être brillante.

En effet, les revenus des biens donnés en dotation, le produit du travail des pénitentes, les pensions de celles qui étaient

---

[1] Bibliothèque de Besançon, liasse d'archives n° 63.

détenues par lettres de cachet furent absolument insuffisants pour entretenir cette œuvre.

L'Aumône générale était obligée de prendre chaque année sur ses propres fonds pour suppléer aux besoins du Bon Pasteur, une somme d'au moins 1400 fr. [1] Et ces dépenses augmentaient d'un tiers et même du double, dans les années de disette à cause de la cherté des vivres et de l'achat des choses de première nécessité.

Dans l'espace de 26 années, l'excédent de ce que l'Aumône générale a payé pour le bon Pasteur s'est élevé à la somme de 34.154 fr. Or cette somme absorbait, et au delà, le patrimoine de cette maison, lequel ne se montait qu'à 16.533 fr. Aussi, les dépenses occasionnées par l'entretien de la maison du bon Pasteur, jointes au prix excessif des vivres, avaient endetté l'Aumône générale de 45.000 fr., et grâce au payement des arrérages dont il était surchargé, cet établissement de bienfaisance voyait chaque année ses revenus diminuer. Il se trouvait dans la nécessité de faire de nouveaux emprunts et cela ne pouvait manquer de consommer la ruine de l'Aumône générale et des maisons qui y étaient réunies. Les directeurs de l'Aumône générale tentèrent alors un suprême effort pour relever leur établissement. Ils supplièrent le roi de désunir le bon Pasteur de l'Aumône générale et d'envoyer, afin qu'ils n'en aient plus la charge, les femmes et les filles débauchées dans un autre hôpital appelé Bellevaux. Cette faveur fut accordée à l'Aumône générale, mais fut-elle suffisante pour assurer à cette œuvre de charité sa prospérité ancienne ? Nous ne le pensons pas.

____

[1] Demande par les directeurs de l'Aumône générale d'être séparés du Bon Pasteur (Bibliothèque de Besançon, liasse d'archives n° 63).

Les dettes accumulées étaient trop considérables; le courant était trop violent à remonter.

En résumé, les trente premières années de l'Aumône générale furent florissantes. Le dévouement des directeurs, le zèle et la charité de tous furent suffisants pour permettre à cette œuvre d'atteindre le but qu'elle s'était proposé.

Mais l'adjonction d'autres établissements de charité lui fut fatale, surtout celle de la maison du bon Pasteur, et en l'année 1770, l'Aumône générale, non seulement n'était plus florissante; mais était couverte de dettes.

Chapitre X

SITUATION DE LA MENDICITÉ A BESANÇON APRÈS LA FONDATION DE L'AUMONE GÉNÉRALE

Si l'Aumône générale fut prospère pendant quelques années, elle ne suffit pas néanmoins pour éteindre complètement la mendicité dans la ville de Besançon et nous n'en voulons pour preuve que les nombreux arrêts et ordonnances rendus après cette époque contre les mendiants. Le fléau de la mendicité s'était accru dans des proportions énormes dans toute la France et les rois, se rendant compte de ses progrès incessants étaient partis en guerre contre les pauvres et contre la mendicité.

Quelle était à Besançon la situation au point de vue de la mendicité après la fondation et le fonctionnement de l'Aumône générale ?

Des renseignements très précis nous sont fournis à ce sujet par une lettre du 6 octobre 1721 [1] écrite par M. de la Neuville au contrôleur général qui demandait des éclaircissements sur le nombre des mendiants et leur situation en Franche-Comté.

Il n'y a point, écrit M. de la Neuville [2], de mendiants dans la province de Franche-Comté, ni valides ni invalides. Et c'est

---

[1] Réponse de M. de la Neuville au contrôleur général (Archives départementales C. 31).

[2] Archives départementales. C. 31.

grâce à l'influence de l'Aumône générale et à l'application de ses réglements que les pauvres sont maintenant inconnus dans cette province.

Il n'y a point de mendiants répond-il au contrôleur général, il ne peut y en avoir et il en donne les raisons.

En effet, on ne souffre point d'étrangers dans aucune ville ni dans aucun lieu de la province. Si par hasard, on en trouve dans les chemins ou dans les campagnes, ils sont immédiatement arrêtés par la maréchaussée, et jugés comme vagabonds, s'ils ne justifient point de leur profession et de leur domicile. Dans ce dernier cas, on leur ordonne de se retirer dans leur province, et si on les trouvait une seconde fois, ils courraient le risque d'être condamnés aux galères. Quant aux gens du pays qui connaissaient la sévérité de ces réglements, ils ne s'exposaient point à courir les campagnes et tous ceux qui se trouvaient en état de travailler gagnaient leur vie, tout en s'occupant à la culture des terres et autres ouvrages de la campagne, de sorte que les mendiants étaient également inconnus à la campagne. Enfin, ceux qui n'avaient point de vocation pour ce genre de travail, s'engageaient comme soldats. Par conséquent, point de mendiants valides en Franche-Comté.

On ne trouvait pas davantage de mendiants invalides parce que, comme pour les valides, on ne les recevait ni dans les villes, ni dans les villages. Du reste lorsque, par hasard, se présentaient dans les villes ou les villages des mendiants estropiés ou invalides, les magistrats avaient soin de leur donner un secours et de les faire sur le champ sortir de la ville. Les habitants estropiés des villes ou des villages recevaient les secours nécessaires à leur état. Et ce qui contribuait beaucoup à entretenir le bon ordre et à supprimer les mendiants, c'était l'hôpital de vieillards des deux sexes qui existait à Besançon.

De même l'hôpital du Saint-Esprit [1] qui recueillait les enfants abandonnés rendait les plus signalés services. En élevant, en entretenant les enfants, en leur apprenant un métier, on empêchait ces enfants de se livrer à l'oisiveté et à la paresse, ce qu'ils n'auraient pas manqué de faire, n'ayant ni feu, ni lieu, ni parents avoués. En sortant de l'hôpital du Saint-Esprit, ils se livraient aux professions qu'on leur avait enseignées et ne devenaient ni vagabonds, ni mendiants.

Si les journaliers, les gens vivant au jour le jour tombaient malades, ils pouvaient se retirer dans les hôpitaux ; ils y recevaient tous les soins nécessaires et on les conservait jusqu'au moment où ils étaient de nouveau en état de reprendre leur travail et de gagner leur vie.

En résumé donc, il n'y avait point de mendiants à Besançon en l'année 1721 et dans aucun endroit de la province l'ordre n'était troublé par les vagabonds.

On voit évidemment dans ce résultat que grâce à l'Aumône générale et aux autres établissements de charité il n'y avait pas de mendiants à Besançon et que cette ville arrivait à secourir toutes les misères de ses habitants pauvres.

Cet état de choses ne dura malheureusement pas et cela grâce à la chasse inexorable qui fut livrée aux vagabonds dans tout le royaume et principalement à Paris. Le roi en effet voulait exterminer les mendiants dans toute l'étendue de la France ; il ordonna de prendre contre eux les mesures les plus sévères partout où ils se trouveraient. Et alors tous ces mendiants qui habitaient en nombre considérable à Paris, vinrent fatalement envahir la province et se répandirent partout. C'est ce qui arriva pour la Franche-Comté et Besançon. Cette ville qui était admi-

---

(1) Archives départementales, C. 31.

rablement organisée pour secourir tous ses mendiants incapables de gagner leur vie et qui avait pris toutes les mesures nécessaires pour éviter les désordres et les scandales provoqués par les mauvais pauvres, se vit impuissante à résister au flot envahissant des pauvres venus de partout et de nouvelles mesures durent être prises. D'autres hôpitaux [1] furent créés pour pouvoir faire face à ce nouvel état de choses.

____

(1) Lettre du contrôleur général (Archives départementales. C. 31).

Chapitre XI

DÉCLARATIONS ET ORDONNANCES ROYALES

Il est intéressant d'étudier comment furent mises en application à Besançon les diverses déclarations et ordonnances royales relatives à la répression de la mendicité et du vagabondage et postérieures à la fondation de l'Aumône générale ; tel est l'objet du présent chapitre.

Ordonnance de 1720

La lutte engagée contre les mendiants et la mendicité commença par une ordonnance royale de 1720 [1].

Le roi avait appris qu'il s'était répandu dans tout le royaume un grand nombre de vagabonds et de gens sans aveu, qui mendiaient avec insolence et scandale bien plus par libertinage que par nécessité et, voulant, remédier à cet état de choses, il prit contre les mendiants un certain nombre de mesures de rigueur. Huit jours après la publication de cette ordonnance, tous les mendiants, gens sans aveu, vagabonds de l'un et l'autre sexe, qui n'ont ni métier, ni domicile fixe, ou qui, ayant un domicile, n'ont aucune occupation connue, ni biens pour subsister,

---

(1) Archives départementales, C. 31.

seront tenus de se retirer dans les lieux de leur naissance et de s'occuper à des professions utiles, et ceux qui ne pourront faire certifier de leurs bonne vie et mœurs par des personnes dignes de foi devront suivre le même exemple.

Après ce délai passé, tous les vagabonds et les mendiants pris en flagrant délit devaient être arrêtés, enfermés dans des lieux spéciaux et nourris et entretenus aux frais du roi. Puis, ceux qui seraient reconnus valides et par trop âgés, devaient être conduits aux colonies et enfermés jusqu'au jour de leur départ.

Quant aux mendiants âgés ou qui, grâce à leurs infirmités, sont dans l'impossibilité de travailler, le roi ordonne de les enfermer également dans les hôpitaux destinés à les recevoir.

Enfin, des peines sévères étaient édictées contre les personnes, de quelque condition qu'elles fussent, qui étaient surprises à donner l'hospitalité aux mendiants.

Tous les officiers de police dans l'étendue du royaume étaient chargés de faire respecter cette ordonnance et de rechercher les gens qui logeaient ou qui donnaient asile aux mendiants.

Déclaration royale du 18 juillet 1724 [1]

Cette ordonnance de 1700 ne dut pas avoir grand effet, car en 1724 [2] paraissait une nouvelle déclaration royale beaucoup plus complète que la précédente. Du reste, dans son préambule, elle reconnaît que les mesures antérieures prises contre les mendiants n'ont pas été exécutées.

---

(1) Voir *Appendice*.

(2) Registre des ordonnances et décrets royaux, tome III, p. 440 (Bibliothèque de Besançon).

Le roi annonce tout d'abord qu'il viendra en aide aux hôpitaux qui recevront soit les mendiants valides, soit les invalides. La déclaration ordonne aux premiers « de gagner leur vie par le travail, soit en se mettant en condition pour servir, ou en travaillant à la culture des terres ou autres ouvrages ou mestiers dont ils peuvent estre capables et ce dans quinzaine du jour de la publication de la présente déclaration ». Quant aux invalides, ils doivent se présenter dans la quinzaine aux hôpitaux les plus proches de leur demeure où ils seront employés suivant leurs forces et leurs aptitudes.

Pour remédier à une lacune, l'ordonnance déclare que les valides qui ne trouveraient pas de travail peuvent se présenter aux hôpitaux où ils seront engagés et employés à des travaux publics. On leur facilitait également leur entrée dans l'armée. Quant aux mendiants qui désiraient se rendre au lieu de leur naissance, on leur délivrait des passeports à l'hôpital le plus proche et, munis de cette sauvegarde, ils ne pouvaient être arrêtés.

Les peines prononcées contre les mendiants valides étaient plus sévères si on avait à faire à des récidivistes. Les hommes et les femmes valides arrêtés pour la première fois étaient conduits aux hôpitaux généraux et nourris au pain et à l'eau pendant au moins deux mois. Arrêtés pour la seconde fois, les hommes et les femmes étaient enfermés dans les hôpitaux pendant au moins trois mois et marqués de la lettre M.

Pour les hommes valides ayant déjà subi deux condamnations la peine était de cinq ans de galères au minimum ; pour les femmes la réclusion ne pouvait être moindre de cinq ans.

Pour les mendiants insolents, contrefaisant les estropiés, mendiants armés, les peines prononcées étaient beaucoup plus graves.

Quant aux invalides pris en flagrant délit de mendicité, ils étaient conduits aux hôpitaux généraux et enfermés pour le reste de leur vie.

La police des mendiants était toujours confiée à la maréchaussée et l'ordonnance de 1724 lui confirma cette attribution. Mais comme les arrestations des mendiants avaient occasionné de fréquentes erreurs dont avaient eu à souffrir les ouvriers et les journaliers allant de ville en ville en quête de travail, on lui recommanda d'employer beaucoup de prudence afin de ne pas opérer d'arrestations arbitraires.

Comme nous venons de le voir, les mendiants récidivistes devaient être marqués de la lettre M et voici comment cette opération devait se pratiquer : « Pour marquer les mendiants de la lettre M [1] il faut avoir un instrument fait exprès et copié sur celui dont on se sert en chirurgie pour scarifier le lieu où on a appliqué des ventouses. Cet instrument ressemble à une petite boîte dans laquelle se trouvent renfermées plusieurs pointes de lancette, qui toutes à la fois et en un clin d'œil sont poussées, au moyen d'un ressort et font leur impression à la peau sans risque d'aller plus loin qu'on ne doit. Cette impression faite, on jettera sur ces petites plaies de la poudre à canon pulvérisée qu'on allumera avec un papier enflammé et, sur le champ, on couvrira la plaie d'un linge trempé dans l'eau tiède animée d'un tiers d'eau-de-vie.

» Par ce moyen l'impression sera ineffaçable à moins qu'on n'applique un escharotique qui emporte totalement la peau ; mais en ce cas, on verrait toujours une marque qui indiquerait qu'on aurait effacé l'autre. Le lieu le plus convenable pour

---

[1] Archives départementales, C. 32.

cette marque est la partie externe et moyenne du bras, quatre bons travers de doigt au-dessus du coude ».

La déclaration de juillet 1724 contenait une innovation intéressante en essayant d'établir une sorte de casier judiciaire pour les mendiants [1].

Indépendamment de la marque M destinée à reconnaître le mendiant récidiviste, ce qui est la forme primitive du casier judiciaire, l'article 5 [2] organisait un système consistant à établir dans chaque hôpital des registres contenant les noms, prénoms, surnoms des mendiants arrêtés. On y faisait également mention de leur âge, du lieu de leur naissance, du pays où ils allaient, en un mot on inscrivait soigneusement tous les renseignements les concernant. Voici du reste un modèle du registre d'entrée [3]. « André la Guimonde, âgé de vingt-neuf ans, d'Abbeville en Picardie, frotteur, haut de cinq pieds deux pouces, gros, cheveux chastains, sourcils de mesme et épais, les yeux noirs et grands, la bouche un peu tournée, le nez gros et boutonné, le visage plein et rouge, un doigt de la main gauche plus court que les autres, amené par les archers des pauvres ». Dans l'une des marges on lit : « Est un mauvais sujet qui a commis plusieurs rebellions en l'arrestant ; est un jureur ». Dans l'autre marge on lit : demeurera deux mois et sera représenté. Comme on le voit, la déclaration de 1724 reposait toute entière sur l'existence des hôpitaux généraux. Il fallait donc les mettre en état de recevoir les mendiants ou en créer de nouveaux et leur fournir les fonds nécessaires pour subvenir à la subsistance des vagabonds arrêtés. Nous allons examiner quelles mesures furent prises à Besançon à ce sujet.

---

(1) PAULTRE. *De la répression de la mendicité en France sous l'ancien régime*, page 336.

(2) Voir en *Appendice* la loi de 1724.

(3) PAULTRE. *Id.*, page 338.

Chapitre XII

CRÉATION DE NOUVEAUX ÉTABLISSEMENTS DESTINÉS A RENFERMER LES MENDIANTS

Les conséquences de cette ordonnance de 1724 ne se firent pas attendre longtemps. Les mendiants ne tardèrent pas à affluer à Besançon. Une lettre écrite le 24 décembre 1724 à M. le contrôleur général [1] par M. de la Neuville intendant de la province, nous donne une idée de la rapidité avec laquelle les pauvres pourchassés avaient envahi Besançon. J'avais pu écrire, dit-il, « qu'il n'y avait point de pauvres ici et je vous en avais donné les raisons. Mais ils arrivent à présent en grand nombre à mesure qu'ils sont chassés des autres provinces. C'est ainsi que depuis la fin du mois d'octobre jusqu'au 17 de ce mois, 72 invalides sujets à correction ont été arrêtés. Sur ce nombre 40 sont étrangers; quant aux 32 autres, 13 ont été renvoyés à leurs parents. Le reste semble être composé d'individus venant des autres provinces et qui pensaient qu'il n'y avait qu'à se présenter à l'hôpital des mendiants pour y être assuré de sa subsistance la vie entière ».

Besançon voyait donc tout à coup arriver une quantité de mendiants qui devaient d'après les ordres du roi être logés,

----

[1] Lettre écrite au contrôleur général par M. de la Neuville (Archives départementales. C. 31).

entretenus aux frais de la ville. Or, rien n'était prêt pour les recueillir, les hôpitaux étaient en nombre suffisant pour recevoir les pauvres de Besançon, mais pas plus ; enfin la cité n'était pas suffisamment riche pour élever de nouveaux bâtiments.

En cette année 1721, le contrôleur général avait d'abord envoyé l'ordre de faire construire de nouveaux hôpitaux pour enfermer les mendiants, mais devant la pénurie des finances de la ville, il ordonna de se servir des hôpitaux [1] pour y enfermer les mendiants qui seraient arrêtés. Il aurait été en effet, trop dispendieux et trop long d'établir de nouvelles maisons.

Il fallut prendre dans chaque hôpital, un certain nombre de places pour permettre d'y renfermer quelques mendiants. Les invalides devaient y rester toujours. Quant aux mendiants valides ils devaient seulement y passer en attendant leur départ, et il suffisait d'après les instructions données de les coucher sur la paille et de les nourrir au pain et à l'eau afin qu'ils tiennent le moins de place possible [2]. Les hôpitaux trop surchargés, devaient envoyer leurs pauvres aux hôpitaux qui le seraient moins et à la rigueur on pouvait prendre quelques maisons voisines.

Ce système était impossible à appliquer à Besançon.

L'hôpital général qui servait pour tous les malades, bourgeois ou pauvres de la ville, ainsi que pour les soldats de la garnison, n'avait plus aucune place, attendu que le nombre des malades soignés était quelquefois de 300 [3]. L'hôpital du

---

[1] Correspondance entre le contrôleur général et l'intendant de la province (Archives départementales. C. 31).

[2] Lettre écrite au contrôleur général par M. de la Neuville (Id.).

[3] Lettre à M. de la Neuville au sujet d'un hôpital pour mendiants (Id.).

Saint-Esprit, annexe de l'hôpital général, était dans les mêmes conditions, entretenant et ayant à sa charge au moins 150 enfants [1] pauvres de 9 à 18 ans. Il n'y avait non plus à louer autour aucune maison, car cet hôpital est environné de monastères, de la rivière, des fortifications et d'une promenade publique.

Restait l'hôpital de Saint-Jean l'Aumônier [2]. Mais ce n'était qu'une maison très peu étendue, qui à cette époque n'était point encore complètement achevée et qui n'était destinée qu'à contenir un certain nombre de vieillards. Ceux-ci en attendant l'achèvement de cet hôpital naissant, logeaient dans de vieux bâtiments peu spacieux et qui devaient être démolis à leur départ.

Le gouverneur de la province, M. de la Neuville loua alors pour enfermer les pauvres une grande maison [3] appartenant aux abbés et religieux de l'abbaye de Bellevaux. Jusqu'à cette époque, ils n'en faisaient d'autre usage que de la louer comme magasin à fourrage, or, cette maison était d'autant plus propre à la destination qu'on se proposait d'en faire, qu'elle était placée dans l'un des endroits les plus sains de la ville. D'un côté, elle était située auprès d'une des portes où il y avait toujours un corps de garde et une sentinelle, d'un autre côté, elle était bordée par la rivière, enfin un grand jardin y attenait et il y avait de beaux souterrains, voûtés et spacieux, secs et bien aérés. C'était là une excellente occasion et M. de la Neuville s'empressa de la louer pour servir d'hôpital où enfermer les mendiants [4].

---

(1) Archives départementales. C. 31.
(2) Id.
(3) Id.
(4) Lettre de M. de la Neuville au sujet d'un hôpital pour mendiants (Archives départementales. C. 31.

Entretien des mendiants

La maison nécessaire pour enfermer les mendiants se trouvait donc prête, mais les finances de Besançon étaient trop obérées pour l'entretenir. Le contrôleur général avait indiqué que les dépenses occasionnées seraient prises d'abord sur les revenus des hôpitaux jusqu'à concurrence de ce qu'ils pourraient faire et que le reste serait donné par le roi.

Mais les revenus des hôpitaux étaient si peu considérables qu'ils ne pouvaient suffire à entretenir tous ces nouveaux pauvres; il était urgent de trouver d'autres ressources.

Pour compléter les fonds nécessaires, on affecta aux hôpitaux la moitié des gages des offices municipaux [1]. Ces offices avaient été supprimés en 1722.

Puis, le contrôleur général envoya l'ordre d'imposer trois deniers pour livre en sus de la taille et de réserver pour le nouvel hôpital la moitié des nouveaux octrois de la ville [2]. C'est un nommé Martin Gérard qui fut chargé de les recevoir à Besançon. C'est sur cette moitié des octrois que l'on va payer le loyer de la maison de Bellevaux et comme la moitié des offices municipaux se monte à plus de quatre mille livres par an, cette somme servira à faciliter l'entretien d'un assez grand nombre de mendiants.

Enfin l'ordre est donné de faire travailler les mendiants qui seront enfermés, pensant que le produit de leur travail servirait à payer leur entretien. Nous reviendrons sur ce point en parlant des ateliers de charité.

---

(1) Archives départementales. C. 31.
(2) Id.

Tout est donc prêt pour recevoir et punir les mendiants pris en flagrant délit. La lutte commencée contre eux va être acharnée et les mesures les plus rigoureuses et souvent les plus inhumaines vont être prises contre ces malheureux traqués de tous côtés.

Les ordres les plus sévères sont envoyés à la maréchaussée pour qu'elle apporte tous ses soins à arrêter les mendiants. Les prévôts doivent exécuter avec exactitude les ordres donnés à ce sujet. Et ils avaient fort à faire, car des nuées de vagabonds et de mendiants s'étaient abattus sur la Franche-Comté.

La plupart d'entre eux étaient des étrangers. Aussi, ne sachant où se réfugier sous peine de se voir arrêter et condamner sans pitié, employaient-ils tous les subterfuges possibles pour se soustraire à la justice. Un certain nombre d'entre eux, croyant pouvoir mendier sans être inquiétés, se disaient pèlerins.

Une ordonnance du contrôleur général de 1724 [1] vient alors déclarer que les ordres donnés par le roi devront être appliqués à toutes sortes de pèlerins français ou étrangers lorsqu'ils seront surpris en flagrant délit de mendicité. Et les ordres donnés sont appliqués avec toutes leurs conséquences. C'est ainsi que nous voyons un nommé Turer [2] condamné à neuf ans de galère pour avoir été vu mendiant à la porte d'un curé.

Un nommé Chatelard [3], surpris pour la seconde fois en flagrant délit de mendicité, est condamné à être marqué au bras de la lettre M et à recevoir la correction pendant trois mois.

Chassés et traqués de Besançon où la maréchaussée était nombreuse, les vagabonds se réfugièrent à la campagne ou

(1) Lettre du contrôleur général (Archives départementales. C. 31).
(2) Archives départementales. C. 31.
(3) Id.

dans les villes moins importantes de la Comté, espérant y trouver l'impunité.

L'ordre est alors donné aux syndics des paroisses [1] de rendre compte à la maréchaussée de Besançon, de tous les mendiants qui y paraîtront ou qui s'y retireront et d'indiquer le lieu de leur retraite, afin de prendre les mesures nécessaires pour les faire arrêter. Et pour donner à ces différentes mesures plus d'efficacité, tous les archers autres que ceux de la maréchaussée seront employés à la capture des mendiants. En un mot, écrit le contrôleur général « prenez toutes les précautions imaginables pour ne pas souffrir un seul mendiant en Franche-Comté et pour être averti à point nommé lorsque l'on aura surpris votre vigilance à cet égard, à l'effet d'y remédier sur le champ. Vous ne sauriez rendre un service plus essentiel à l'État et donner des preuves plus sensibles de votre zèle [2]. »

Un assez grand nombre de personnes, émues de pitié, continuaient à donner des aumônes aux pauvres et aux passants. Elles se voient interdit cet acte charitable [3] sous prétexte que c'est encourager la mendicité et qu'il sera plus profitable de faire des dons aux hôpitaux.

Le grand maître des eaux et forêts reçoit l'ordre d'organiser dans les forêts, buissons et bois de la province [4] des battues fréquentes et de faire arrêter et conduire dans les hôpitaux les plus prochains, les mendiants qui se retireraient de nuit dans les forêts et qui seraient surpris demandant l'aumône.

Le contrôleur général se trouvait informé de la façon la plus

---

(1) Le contrôleur général demande des éclaircissements sur les mendiants (Archives départementales. C. 31)

(2) Lettre du contrôleur général (Id.).

(3) Archives départementales. C. 31.

(4) Id.

exacte de tout ce qui se passait en Franche-Comté au sujet des mendiants. C'est ainsi que les juges de police de Vesoul [1] se voient rappelés à l'ordre parce que, sous prétexte qu'ils n'ont pas d'endroit pour enfermer les mendiants, ils les laissent tranquillement circuler dans la ville et dans les environs. Ils doivent enfermer les mendiants dans les prisons de la ville et lorsqu'ils seront en nombre suffisant, ils seront transportés à Besançon par les soins de la maréchaussée.

Résultat obtenu

Cette ordonnance de 1724 ne donna pas de meilleurs résultats que les lois précédentes. Cela tient à un certain nombre de causes impossibles à éviter. C'était tout d'abord la difficulté d'application, le manque d'hôpitaux, la pénurie des finances de la ville et enfin le nombre insuffisant de personnes chargées de traquer les mendiants.

Aussi, dès 1740, un grand nombre [2] de vagabonds et de mendiants s'étaient encore répandus en Franche-Comté et parmi eux il n'était pas rare de trouver des assassins et des voleurs. Et de nouveau les recommandations les plus sévères sont faites à la maréchaussée ; on veut qu'elle batte continuellement la campagne ; qu'elle cherche à surprendre les rendez-vous des vagabonds et qu'elle arrête tous ceux qui semblent suspects et sans aveu.

Et ce qui nous prouve que toutes les mesures prises contre eux sont restées sans résultat, c'est la nouvelle déclaration royale de 1777 [3] réclamant la mise en vigueur de l'ordonnance de 1724.

---

(1) Lettre du contrôleur général (Archives départementales. C. 31)
(2) Archives départementales. C. 31.
(3) Id. C. 32.

Voici comment débute cette nouvelle déclaration: « Sa Majesté, s'étant fait rendre compte des mesures qui ont été prises depuis plusieurs années pour détruire la mendicité dans le royaume, s'étonne qu'il existe encore des mendiants » et ordonne ce qui suit:

ARTICLE PREMIER. — « Les lois qui proscrivent la mendicité et notamment la déclaration du 18 juillet 1724, seront exécutées. » Et Necker, dans une lettre écrite la même année, résumait fort bien la situation [2]. « Le roi, dit-il, a jugé bon de renouveler la défense de mendier, si souvent publiée et presque toujours si inutilement. Il est impossible de détruire la mendicité et injuste de la proscrire, tant que les mendiants ne peuvent être regardés comme coupables, tant que la misère peut les forcer à mendier pour vivre, tant que l'on a pas pris des mesures préalables pour assurer aux pauvres invalides des secours et aux pauvres valides du travail à leur portée. C'est sans doute à cette interversion d'ordres entre deux parties correspondantes d'un même plan que l'on doit attribuer le peu de succès qu'ont eu jusqu'à présent les soins qu'a pris le gouvernement pour faire cesser la mendicité ».

C'est pour remédier à cela que furent créés dans les campagnes de petite culture, les bureaux d'aumônes, et établis dans les principaux centres, les ateliers de charité.

-----

(1) Archives départementales. C. 122.

Chapitre XIII

SECOURS DISTRIBUÉS AUX PAUVRES
PAR LA MUNICIPALITÉ APRÈS LA FONDATION
DE L'AUMONE GÉNÉRALE

En dehors des secours donnés aux pauvres par les différents établissements de charité et des aumônes et des distributions faites dans les différentes paroisses de la ville de Besançon, la municipalité faisait souvent de très importantes charités aux indigents.

A propos de tous les événements heureux arrivés dans la province, de toutes les fêtes, des distributions étaient faites aux mendiants. Lorsque l'hiver était trop rigoureux et que les pauvres ne trouvaient pas facilement du travail, on leur donnait largement du bois et des vivres. De même s'il y avait disette de blé, on leur en faisait donner sans compter. En un mot la municipalité, en toute occasion, venait au secours des malheureux.

Du reste, il était nécessaire d'agir ainsi ; car un grand nombre d'habitants qui ne vivaient que de leur travail manuel étaient souvent réduits au chômage et par cela même à la misère. Nombreux aussi étaient ceux qui ne vivaient que du produit de la vigne et qui, dans les années mauvaises, se trouvaient sans ressources. Et la misère eût été effrayante, sans les secours apportés par la municipalité, car les paroisses et les établissements de charité étaient absolument débordés.

En 1740 [1], l'hiver fut extrêmement rigoureux tant par sa longueur et ses frimas, que par la quantité considérable de neige qui était tombée. Aussi, la municipalité dans sa séance du 27 février 1740 pensa qu'il était à propos de faire d'importantes aumônes afin de procurer quelque soulagement à quantité de pauvres journaliers et aux familles de pauvres honteux qui ne trouvaient pas à travailler et par ce fait manquaient de tout.

Et la compagnie décide aussitôt que l'on prendra dans le grenier public trois cents mesures de blé et que l'on remettra cent écus à MM. les curés pour acheter du bois. Ils seront chargés d'en faire la distribution aux familles pauvres de leur paroisse qui en auront besoin et la répartition se fera comme il suit pour chaque paroisse.

	FROMENT (mesures)	BOIS (cordes)
Paroisse de Saint-Jean-Baptiste......	80	7
— Saint-Paul............	30	4
— Saint-Maurice............	12	2
— Saint-Pierre............ ...	30	3
— Minimes................	12	2
— Saint-Vincent...	10	2
— Sainte-Marie-Magdeleine.	120	10

Et cette année de 1740 [2] fut terriblement rigoureuse puisque quelque temps plus tard, l'Intendant de Franche-Comté lui-même s'émut et pria la municipalité de faire venir soixante chariots de tourbe qui devaient, dans ces temps fâcheux de froid et de neige, procurer quelque soulagement aux pauvres vignerons et autres habitants de cette ville.

(1) Décisions municipales. Registre 153.
(2) Id.

Sur quoi, la municipalité décida que soixante voitures de tourbe ne suffiraient pas pour le grand nombre de familles pauvres qui étaient dans la ville, et qui n'avaient aucun moyen et aucune ressource pour acheter du bois et elle décida de faire venir cent voitures qui furent distribuées par les soins des curés de la ville.

En 1741 [1] à la suite des mauvaises récoltes, une misère profonde régna dans toute la ville de Besançon.

Les curés, voyant leurs paroissiens dans la misère la plus grande, s'émeuvent et le 18 janvier, le père Gonon [2] curé de la paroisse de Sainte-Magdeleine envoya à la municipalité une requête lui représentant combien la misère était immense autour de lui. La paroisse de Sainte-Magdeleine, en effet, était en majeure partie composée d'ouvriers, de manœuvriers et de vignerons et elle était la plus pauvre.

Ces messieurs, après avoir ouï la lecture de cette requête pressante, décidèrent que la paroisse de Sainte-Magdeleine, n'étant pas la seule dans le besoin, il était nécessaire de les soulager toutes. A cet effet, ils ordonnèrent aux commissaires des greniers publics, de délivrer 200 mesures de blé pour les distribuer dans toutes les paroisses.

En 1742 [3], le maire, dans une réunion du 20 janvier, a représenté que les pauvres de la ville étaient dans la dernière des nécessités à cause de la rigueur de la saison qui les empêchait de travailler et de gagner leur vie.

La municipalité ordonna de faire remettre aux curés 200 mesures de blé, pour qu'ils en fissent la distribution aux

---

(1) Décisions municipales. Registre 154.
(2) Id.
(3) Id. Reg. 155.

pauvres de leur paroisse comme cela s'était fait l'année précédente.

En l'année 1763, [1], la municipalité apprit que sur la paroisse Sainte-Magdeleine, il y avait un grand nombre de pauvres familles et que la plupart des membres qui les composaient : père, mère et enfants des deux sexes couchaient ensemble, d'où il résultait les plus grands scandales. Comme il y avait au grenier public, un grand nombre de sacs que leur vétusté mettait absolument hors de service, on décida de les faire distribuer aux pauvres familles par une personne charitable de la paroisse.

Le 14 juillet de la même année [2], une tempête de grêle s'étant abattue sur la banlieue occasionna les dégâts les plus considérables. Les propriétaires terriens et les cultivateurs subirent des pertes énormes. La municipalité jugea qu'il était convenable de procurer quelque soulagement aux uns et aux autres. En conséquence, elle ordonna de distribuer aux plus pauvres cultivateurs de la Vèze, commune des environs de Besançon, le prix de soixante mesures de blé. Les habitants de Saint-Ferjeux et de la banlieue d'Arènes, reçurent le prix de 40 mesures de blé. Même libéralité fut faite aux habitants de la banlieue de Battant. Toutes ces sommes furent prises sur la caisse des greniers publics.

En 1767 [3] nouvelle disette. La municipalité ordonna de soulager les pauvres de la ville par une distribution de blé et de légumes. L'assemblée des notables à laquelle on en référa, décida de faire remettre 200 mesures de blé au directeur de l'Aumône générale pour qu'il en fît lui-même la répartition.

---

(1) Décisions municipales. Registre 176
(2) Id.
(3) Id. Reg. 181.

En 1768 [1], la municipalité fit donner des secours en argent à un nommé Debornay qui s'était blessé en travaillant aux illuminations. Puis elle fit distribuer quinze cordes de bois à l'Aumône générale et 500 mesures de blé aux pauvres [2].

Comme on peut s'en rendre compte, toutes les fois que, pour une raison imprévue, la misère redoublait dans la ville, la municipalité faisait donner aux pauvres des secours de toutes sortes. Elle intervenait lorsque l'hiver était trop rigoureux, lorsque les récoltes manquaient, ou quand la grêle avait ravagé le territoire.

Mais la municipalité trouvait encore d'autres occasions de secourir les pauvres. Toutes les fois qu'il y avait des fêtes publiques, on organisait des réjouissances et la municipalité en profitait pour faire en faveur des malheureux, une distribution charitable.

Ainsi, en 1749 [3] à l'occasion de la paix, la municipalité décida de donner aux pauvres 800 mesures de blé et pour que cette distribution soit faite d'une façon équitable, le blé fut remis aux curés qui le partagèrent eux-mêmes à leurs paroissiens pauvres. Chaque paroisse reçut les quantités suivantes :

Paroisse de Sainte-Madeleine…………	400	mesures
— Saint-Jean-Baptiste………	178	—
— Saint-Pierre………………	48	—
— Saint-Maurice……………	24	—
— Saint-Paul………………	110	—
— Saint-Marcellin…………	16	—
— Minimes…………………	24	—

(1) Décisions municipales. Reg. 183.
(2) Id.
(3) Id. Reg. 102.

La même année [1], M. le duc de Randans, promu à la dignité de maréchal de France, demanda que l'on emploie l'argent qui devait servir à fêter sa nomination, au soulagement des pauvres.

Aussitôt, la municipalité décréta que l'on prendrait dans le grenier de la ville 500 mesures de blé que l'on distribuerait aux pauvres des paroisses.

En 1782 [2] à l'occasion de la naissance du Dauphin, la ville résolut de faire une charité utile, mais quelque peu originale. Pendant huit mois, elle paiera les frais de nourrice de quarante enfants de la ville nés de parents pauvres et dont la mère par suite d'infirmités ou d'autre cause ne se trouverait pas en état d'allaiter.

Sur ces quarante enfants, cinq étaient sans mère, quatre étaient jumeaux, six autres avaient leur mère malade dont trois poitrinaires ; enfin d'autres ne pouvaient surveiller leurs enfants, soit parce que travaillant pour vivre, elles n'avaient pas le temps de s'en occuper, soit parce qu'elles étaient malades et hors d'état de le faire [3].

Enfin, en 1783 [4], à l'occasion de la promotion du comte de Vaux à la dignité de maréchal de France, la municipalité décida de faire une distribution de dix-huit cents miches de pain du poids de trois livres chacune qui seraient confiées à MM. les curés pour en faire la remise aux pauvres dans la proportion admise pour chaque paroisse.

Ces libéralités faites à tout propos par la municipalité étaient extrêmement importantes pour les pauvres ; les secours étaient surtout distribués lorsque les saisons rigoureuses, les intempé-

---

(1) Décisions municipales. Registre n° 162.
(2) Id. Reg. 198.
(3) Id.
(4) Id.

ries, les mauvaises récoltes réduisaient à la misère quantité de gens qui, sans ces conditions spéciales, auraient pu se passer de secours. Nous pouvons donc voir dès maintenant qu'il était absolument indispensable que ces charités fussent distribuées d'une façon intelligente, car à Besançon le nombre des pauvres n'était pas toujours le même, il variait suivant des causes extérieures et imprévues dans des proportions considérables.

Chapitre XIV

DONS DES PARTICULIERS

Si la municipalité bisontine venait, d'une façon généreuse, par des secours de toutes sortes, à l'aide des mendiants, les particuliers eux aussi, par des dons, des legs, des fondations, contribuaient pour une large mesure au soulagement des malheureux.

Pour ne citer que quelques-uns de ces secours apportés par des particuliers, nous trouvons:

1º En 1712 [1] que le sieur Denis de Basle a légué par testament aux pauvres, une somme de cent trente-trois livres, six sols, huit deniers destinée à enseigner une profession aux pauvres chaque année.

En 1714 [2], une réunion du conseil municipal nous apprend que la veuve de noble Ignace Chevannay a présenté une requête par laquelle elle a exposé que feu Jean Chevannay et son épouse par leur testament firent une fondation au profit des pauvres de la ville, par laquelle ils léguèrent une rente annuelle et perpétuelle payable par leurs héritiers et applicable au profit de quatre pauvres, pour être mariés, mis à métier ou autrement subvenir en leur nécessité.

---

[1] Décisions municipales. Registre nº 127.
[2] Id. Reg. nº 128.

Nous voyons encore dans les décisions municipales que le sieur Simon Arbilleur [1], maître orfèvre et citoyen, par son testament solennel en date à Besançon du 10 août 1728, publié au bailliage le 6 du mois de décembre courant, après plusieurs legs, a institué pour ses héritiers universels, les pauvres de la ville, et a ordonné que sur les revenus de ses biens, après la mort de sa femme à laquelle il en donne l'usufruit, il serait pris chaque année une somme suffisante pour faire apprendre une profession à un pauvre garçon et à une pauvre fille de la ville, nommés par MM. du Magistrat en préférant ses parents pauvres s'il s'en trouve. A cet effet, il prie MM. du Magistrat de se charger de l'exécution de son testament et de nommer une personne pour administrer ses biens, laquelle en rendra compte chaque année en présence de tel commissaire qu'il plaira à Messieurs de députer à cet effet.

Deux experts sont alors nommés pour examiner de près cette succession [2]. Ce sont : MM. Quégain et Duhauht qui concluent « que tous frais écartés, la recette et la dépense des effets et revenus et en dépendant, il y aurait de reste des revenus, plus de sept cents livres ». On a donc désigné pour profiter de cette aumône, un parent pauvre de Simon Arbilleur pour lui faire apprendre le métier d'argentier. Puis on a nommé la fille de Louis Curton citoyen, pour lui faire apprendre le métier de couturière.

C'était l'Aumône générale qui était chargée de distribuer les secours provenant de cette fondation, et elle continua à exécuter la volonté du testateur, car en 1743 nous voyons que cette hérédité produisait chaque année 500 livres [3] et que l'Aumône

(1) Décisions municipales Registre nos 143-149.
(2) Id. Reg. n° 149.
(3) Id. Reg. n° 155

générale qui en jouissait depuis 10 ans avait employé cet argent tant pour l'apprentissage de garçons et filles pauvres que pour amortissement et autres frais.

En 1755 le duc de Tallard [1] meurt en léguant 2.000 livres à l'Aumône générale et 2.000 livres à l'hôpital du Saint-Esprit. En 1772 [2] Mlle Charlotte de Basle demeurant à Ornans et décédée au commencement de l'année 1770, avait légué à MM. du Magistrat de Besançon, 600 livres en augmentation de la fondation faite par sa famille pour faire apprendre des métiers à de pauvres garçons de la ville, ladite somme payable pour une fois seulement dans le délai d'une année.

La première fondation faite par la famille de Basle était de 1.000 livres, légués à MM. du Magistrat de Besançon pour faire apprendre des métiers à de pauvres garçons. Enfin en 1774 [3] MM. du Magistrat présentent à M. le comte de Montbarrey, maréchal des camps et armées du roi, dix garçons et dix pauvres filles de la cité afin qu'il en retienne sept de chaque sexe auxquels sera distribuée l'aumône fondée par ses prédécesseurs.

Toutes les classes de la société contribuaient ainsi au soulagement des pauvres et en 1788, année particulièrement stérile, le jeune Marie-Simon Dubet [4] âgé de 12 ans et élève de 4e au collège, vient faire hommage à la caisse des subsistances d'une somme de 60 livres, montant des récompenses qu'il avait reçues pour sa bonne conduite et ses progrès.

Ce qu'il y a de remarquable dans ces différents dons et legs faits par des particuliers, c'est que presque tous sont destinés

---

1) Décisions municipales Registre n° 168.
2) Id. Reg. n° 189.
3) Id. Reg. n° 191.
4) Id. Reg. n° 201.

à apprendre des métiers à des enfants pauvres. Tous ces généreux citoyens se rendaient compte, en effet, que le principal agent de la mendicité est la paresse et qu'en faisant apprendre un métier aux pauvres enfants, on les retirerait de cette oisiveté malsaine qu'ils subissaient souvent même chez leurs parents; qu'on leur donnerait le goût du travail et qu'enfin arrivés à l'âge de gagner leur vie, ils auraient en main un métier qui leur permettrait de le faire facilement.

CHAPITRE XV

BUREAU D'AUMONE

Malgré toutes les mesures prises contre les mendiants, malgré toutes les peines édictées contre eux, le fléau de la mendicité, loin de disparaître, n'avait pas diminué dans des proportions considérables. Cela tenait à ce qu'on ne s'était occupé jusqu'alors que des mendiants de profession et que l'on n'avait pas pensé à quantité d'autres personnes beaucoup plus intéressantes qui, s'étant trouvées dans des circonstances malheureuses et indépendantes de leur volonté, se voyaient sans ressources et venaient forcément grossir la foule des pauvres et des mendiants. Nous voulons parler des gens de la campagne qui, par suite des mauvaises récoltes se trouvaient dans la misère. Des séries de mesures furent prises pour leur venir en aide et une des premières fut l'établissement de bureaux d'aumônes dans les paroisses.

Les différentes ordonnances royales avaient bien proclamé que chaque paroisse était tenue de nourrir ses pauvres et de secourir ceux de ses habitants qui se trouvaient dans la gêne ou dans la misère. Mais ces recommandations étaient restées lettre morte, soit parce que les hommes, et c'est là une constatation malheureuse mais exacte, ne secourent pas volontiers leur prochain s'il n'y a pas une organisation régulière quelconque qui, pour ainsi dire les oblige à le faire, soit parce que les habitants des villages qui, s'ils n'étaient pas dans l'extrême misère, n'étaient cependant pas suffisamment riches pour aider leurs concitoyens plus malheureux qu'eux.

Et c'est justement pour essayer de remédier à ces inconvénients, pour arriver à secourir par une organisation régulière tous ces malheureux, que furent établis les bureaux d'aumône.

C'est en 1777 [1], et grâce à l'initiative de Necker, que furent créés ces nouveaux établissements de charité.

Ces bureaux, que l'on devait établir pour commencer surtout dans les petites paroisses peu aisées, devaient être composés d'un groupe de paroissiens ayant à leur tête le curé, et comme membres les paysans les plus riches ou plutôt les moins pauvres de la paroisse. Des bureaux semblables devaient être établis même dans les paroisses de la ville de Besançon et des autres villes de Franche-Comté et composés de la même manière. On espérait ainsi que les paysans aisés et les bourgeois des villes seraient flattés d'appartenir à une administration utile, et que peut-être ce sentiment de vanité les encouragerait à se montrer plus généreux et à faire des aumônes plus importantes.

Le rôle de ces bureaux devait être tout d'abord d'exciter la charité des paroissiens ; de recevoir le plus possible d'aumônes et ensuite de les distribuer d'une façon équitable en recherchant les vraies misères. Etablis dans les villes et dans les campagnes, les membres de ces bureaux devaient, autant que possible, donner du travail [2] à ceux qui en réclameraient ; fournir des matières premières et des outils aux ouvriers qui étaient en état de travailler ; procurer des remèdes, des soins

----

(1) Archives départementales. C. 122.
(2) Id.

et des douceurs aux malades et enfin faire des avances d'argent aux personnes honorablement connues et ayant des besoins momentanés.

Les membres des bureaux aideraient le zèle des curés pour leurs paroissiens pauvres et suppléeraient surtout à la négligence de ces derniers.

De cette façon, les aumônes étant distribuées d'une façon intelligente, les secours seraient multipliés et quelquefois les plus médiocres seraient suffisants. Et en se rendant compte que, par l'administration, les charités étaient faites à bon escient, bien des personnes donneraient plus volontiers, sachant que leur produit serait utilement employé.

Ces bureaux d'aumône devaient être, semble-t-il, suffisants pour secourir tous les pauvres d'une paroisse, s'il n'y avait eu sur chacune d'elles un certain nombre de pauvres errants et vagabonds, beaucoup plus dignes de châtiment que de pitié, qui ne vivaient que de la charité publique au détriment de ceux qui étaient réellement intéressants.

Le rôle des membres du bureau d'aumône consistait à reconnaître les vrais pauvres. En ne donnant qu'à ces derniers et en supprimant les charités faites aux vagabonds, on devait arriver à les secourir utilement.

Une fois ces bureaux d'aumône créés dans toutes les paroisses, il était très facile de faire l'application d'une mesure qui jusqu'alors avait été vaine. En effet on avait, en faisant l'application rigoureuse des ordonnances royales, renvoyé les mendiants dans le pays ou le village où ils étaient nés en pensant qu'ils seraient recueillis par des parents ou des concitoyens. Or, il n'en avait rien été; arrivés dans leur lieu de naissance, ces pauvres n'avaient trouvé aucun secours et ils avaient dû envahir de nouveau les villes pour pouvoir subsister. Avec les bureaux d'aumône cet inconvénient n'existerait plus. On pourrait sans crainte renvoyer chez eux les mendiants ; en arrivant dans leur village le bureau d'aumône se chargerait de les recueillir et de les faire travailler s'ils en étaient capables. Les moyens d'action de ces bureaux étaient puissants puisqu'ils devaient, pour ainsi dire, monopoliser les aumônes d'une paroisse et qu'ils étaient chargés de les distribuer. Des encouragements donnés à propos, des secours distribués à bon escient étaient des moyens puissants de réussite.

Tel était le rôle des bureaux d'aumône dont l'utilité était incontestable et qui complétaient admirablement les différents établissements de charité.

Chapitre XVI

ATELIERS DE CHARITÉ

La plupart du temps, c'est l'habitude de l'oisiveté ou le manque de travail qui oblige un certain nombre d'individus à se changer en mendiants et à vivre du produit de la charité. Pour obvier à ces inconvénients, il suffit, d'une part, de forcer les oisifs à travailler et, d'autre part, de donner de l'ouvrage à ceux qui n'en ont pas. Ce fut là le but des ateliers de charité qui furent créés à l'époque qui nous occupe.

On peut distinguer trois sortes d'ateliers de charité :

Ceux qui furent créés par les établissements de bienfaisance et destinés à fournir de l'occupation aux pauvres renfermés, tout en essayant de récupérer par le travail fourni une partie des frais occasionnés pour la nourriture et l'entretien des pauvres [1].

Mais plus tard le but ne fut plus tout à fait le même. Ce n'était plus les mendiants proprement dits que l'on voulait secourir. Les ateliers de charité étaient plutôt créés pour les petits cultivateurs qui, par suite de la disette des récoltes, se trouvaient presque dans la misère et n'arrivaient pas à se procurer du travail. C'était aussi pour secourir les gens qui, vivant au jour le jour, se trouvaient momentanément dans la

[1] Archives départementales. C. 32.

gêne [1]. C'était, en un mot, des chantiers où l'on acceptait toutes les bonnes volontés et où tous les malheureux étaient certains d'avoir du travail. Tels furent les ateliers de charité créés par une ordonnance du roi en 1775.

Nous voyons donc qu'entre ces deux espèces d'ateliers de charité, il y avait une différence assez considérable. Les premiers s'adressaient aux mendiants et les obligeaient, pour ainsi dire, à travailler. Ils cherchaient à donner aux oisifs et aux paresseux le goût du travail et à les empêcher de croupir dans la paresse ou de tendre la main. Enfin on avait compris, en créant ces ateliers de charité, qu'il ne suffisait pas de défendre de mendier, mais qu'il fallait surtout donner à tous ces anciens mendiants du travail qui leur permettrait de vivre.

Dans les seconds ateliers de charité au contraire, ce n'était pas le travail forcé : tous ceux qui se présentaient étaient acceptés et on leur donnait les moyens de gagner leur vie. Ces secours s'adressaient aux malheureux tombés dans la misère par une cause indépendante de leur volonté, plutôt qu'aux pauvres et aux mendiants de profession.

Enfin, une troisième sorte d'atelier de charité secourait les pauvres en leur fournissant des matières premières qui leur permettaient de travailler à domicile [2]. Donc, il y avait trois sortes d'ateliers de charité : les manufactures créées à l'intérieur des établissements de charité et destinées à occuper les pauvres renfermés ; les chantiers où l'on occupait tous ceux qui avaient besoin de travail, et enfin le travail donné à domicile aux malheureux en leur fournissant les matières premières.

---

(1) Archives départementales. C. 38.
(2) Id. C. 98.

1° Manufactures créées dans les établissements de charité

Lorsqu'en 1712 fut créée l'Aumône générale, un projet de manufactures pour occuper les pauvres était déjà élaboré [1]. Une délibération du conseil municipal portant la date du samedi 3 septembre de la même année [2] nous apprend que le maire de Besançon, en qualité de chef du bureau de l'Aumône générale, a demandé à « Messieurs du Magistrat » et de la part des directeurs du Bureau, l'autorisation d'acquérir une maison située au Petit-Battant et dans laquelle ils ont l'intention d'établir des manufactures pour y renfermer les pauvres mendiants et les y faire travailler.

L'autorisation étant donnée, la maison fut acquise et un réglement fut institué par les directeurs de l'Aumône générale au sujet de cette manufacture.

Tout d'abord, les pauvres de Besançon seulement avaient le droit de venir travailler à la manufacture. C'était un monopole pour les mendiants bisontins [3].

Mais en dehors de cette restriction, tous les pauvres de la ville pouvaient y venir s'occuper, quoique, ajoute le réglement, les fabriques aient été créées surtout pour les pauvres à qui on distribue le pain tous les dimanches à la maison de la ville : hommes, femmes, garçons ou filles. Les enfants au-dessous de dix ans n'y étaient pas admis ; car on les considérait comme incapables de travailler.

---

(1) Bibliothèque de Besançon, liasse d'archives, n° 63.
(2) Décisions municipales. Registre 127.
(3) Réglement élaboré en 1713 (Bibliothèque de Besançon, liasse d'archives n° 63).

On ne recevait pas, non plus, dans la principale manufacture
les pauvres estropiés ou malades, mais néanmoins, pour les
secourir, les directeurs de l'Aumône générale avaient décidé
de les faire travailler, selon leurs forces, dans une maison voisine
de la manufacture.

Quant aux vieillards, qui étaient entretenus par l'Aumône
générale, on ne leur imposait aucun travail. Ils s'occupaient
comme ils le voulaient et dans la mesure de leurs forces ; leur
zèle était récompensé par une distribution plus abondante de
vin et de tabac.

Voici à ce sujet un extrait assez curieux du réglement concernant les vieillards : « Les vieilles gens doivent être bien
nourris, bien vêtus, bien chauffés en hiver, on leur donnera
toujours du vin, car ils mourraient sans cela et quelques sous
pour acheter du tabac, lorsqu'ils ne peuvent s'en passer. Comme
les vieilles gens ont toujours des disputes entre eux et qu'ils
ont peine à se souffrir les uns les autres, le secret pour y maintenir la paix, pour les occuper, pour les faire prier Dieu et pour
les rendre dociles, c'est de hausser le vin selon leur docilité ou
de le faire baisser selon leur désobéissance. Il n'y a point au
fond de réglements pour les vieilles gens, au moins pour exiger
qu'ils soient exacts pour le lever, le coucher et le manger. Pour
le reste, c'est de les disposer chrétiennement à la mort ».

En principe, toute personne de la ville pouvait visiter les
manufactures établies par l'Aumône générale. Aussi certaines
recommandations très minutieuses touchant les marchandises
fabriquées et la propreté à l'intérieur de l'établissement étaient
faites dans les réglements.

Les marchandises fabriquées devaient être de première qualité
et marquées aux armes de la ville, et elles étaient cédées à bon
compte, afin de trouver facilement à les placer.

Les pauvres qui étaient convaincus d'avoir dérobé dans les fabriques un objet quelconque, étaient immédiatement chassés de la manufacture et ne pouvaient jamais y rentrer, ni recevoir aucun secours. Le même traitement était infligé aux pauvres qui mendiaient dans la rue ; car, avec le paiement de leur travail et le pain qu'on leur distribuait, ils avaient de quoi vivre.

Et pour que les visiteurs n'aient sous les yeux, ni haillons, ni vermine, les pauvres, employés à la manufacture, avaient un uniforme spécial qui était rouge pour les hommes et gris pour les femmes.

Le travail était payé tous les samedis ; en hiver, les pauvres travaillaient de six heures du matin à six heures du soir, en été de cinq heures du matin à sept heures du soir.

En dehors de leur travail, les pauvres employés aux manufactures étaient l'objet de soins spéciaux. C'est ainsi que les enfants travaillant dans les fabriques recevaient chaque jour, en outre de la distribution du dimanche, une livre de pain. S'ils venaient à tomber malades, on les soignait particulièrement bien et le médecin de l'Aumône générale allait les visiter. On apprenait aux garçons à lire, à écrire et à calculer.

Deux directeurs de l'Aumône générale, nommés chaque semaine, devaient veiller à l'observance rigoureuse du réglement et au bon ordre de la maison.

Voilà donc, dès la fondation de l'Aumône générale, un projet de manufactures pour faire travailler les pauvres ; mais pour des raisons qui nous échappent, ce n'est guère qu'en 1760 que des manufactures furent établies d'une façon sérieuse à l'Aumône générale.

Mais avant cette époque, en 1724, le contrôleur général dans une lettre écrite à l'Intendant de la province, insistait vivement sur la nécessité de créer des maisons destinées à occuper les pauvres.

La plupart des mendiants, dit-il, sont en âge et en état ' travailler, Il n'y a que l'oisiveté et la débauche qui les poussent
à mendier. En effet les journaliers sont rares dans toutes les provinces, même pour la culture et la récolte des terres. Tous les
malheureux ayant un peu de bonne volonté, peuvent gagner
leur vie par le travail.

Aussi, il faudrait établir dans la province un certain nombre
d'hôpitaux et de maisons de charité où l'on enfermerait les
mendiants valides surpris à tendre la main, et aussi ceux qui,
par leur âge ou leurs infirmités, sont hors d'état de gagner leur
vie et se trouvent sans retraite et sans secours.

Les uns et les autres seraient employés à travailler à différents
ouvrages proportionnés à leur force et à leurs capacités et au
besoin au commerce de la province. Le produit de leur travail
pourrait servir en partie à l'entretien et à la subsistance de la
maison, en partie à la subsistance de ceux qui y seront renfermés.
Et, ajoute-t-il, dans les premières années, les dépenses seront
certainement plus considérables que les recettes ; car le travail
ne sera pas bon pour commencer ; mais par la suite, vous par-
viendrez certainement à faire subsister ces maisons par leur
seul travail.

Ce projet de manufactures nombreuses à établir dans la province ne fut pas réalisé probablememt faute d'argent, et il nous
faut arriver en 1760 pour voir fonctionner à l'Aumône générale
les manufactures destinées aux pauvres.

Dans la maison du Petit-Battant, qui avait été acquise par
le bureau de l'Aumône générale, on installa des ateliers de
charité pour occuper les pauvres. Cette maison prit le nom
de Bellevaux. Différentes manufactures furent ainsi établies et
les directeurs de l'Aumône générale ne craignirent pas de faire
venir de loin des maîtres pour former des élèves.

C'est ainsi qu'en 1760, désireux de créer une fabrique de toile de lin et de coton à rayures et à carreaux, l'Aumône générale fit venir d'Epinal un nommé Crevell Desmotte (1), maître teinturier et fabricant de toile de lin et de coton, né en Normandie. Il vint, accompagné de sa femme et de son neveu, et il accepta d'établir incessamment à l'hôpital de Bellevaux des métiers pour la fabrication des toiles de lin et de coton. Il avait auparavant fourni des échantillons et il s'engageait à fabriquer d'une façon conforme.

Mais le rôle de Desmotte, de sa femme et de son neveu ne se bornait pas à cela seulement. Ils devaient, en outre, former des élèves et apprendre à filer le coton et le lin aux jeunes filles et aux femmes qui se trouvaient dans l'hôpital ou à celles qui y seraient amenées. Il devait également enseigner aux sujets qui sembleraient avoir des dispositions spéciales, la fabrication et la teinture.

En attendant que le maître Desmotte ait pu former un nombre suffisant d'ouvriers pour qu'il n'ait plus qu'à s'occuper de la direction du travail, il devait, ainsi que sa femme et son neveu, s'appliquer à la fabrication et à la préparation des matières premières qui servaient à son industrie.

Tout ce qui était nécessaire à la fabrication, les drogues pour la teinture, les métiers, étaient fournis gratuitement par l'hôpital de Bellevaux. Desmotte, sa femme et son neveu ne devaient donner que leur travail et leur savoir-faire, à la condition que tout ce qui serait fabriqué par eux, serait la propriété absolue de l'hôpital qui se réserverait exclusivement aussi le travail du maître.

Pour lui permettre d'exercer son industrie, Bellevaux four-

____

(1) Création de manufactures à Bellevaux (Archives départementales, C. 32).

nissait à Desmotte et en masse, sur un récépissé, les cotons et les lins nécessaires pour les faire filer, soit dans l'intérieur de l'hôpital, soit par des fileuses du dehors. Il en était de même pour les fils de coton et de lin. Le tout était entassé dans des magasins spéciaux en attendant leur fabrication ou leur vente.

Pour les rémunérer de leurs peines, Desmotte, sa femme et son neveu, étaient nourris, logés, chauffés et éclairés aux frais de l'hôpital. Leurs appointements se montaient à la somme de 400 livres chaque année et l'intendant se réservait le droit de leur donner des gratifications proportionnées à l'augmentation du travail qu'ils procuraient et au profit qu'en retirait Bellevaux. Desmotte, sa femme et son neveu devaient se soumettre aux règlements de la maison ; c'est ainsi qu'ils n'avaient pas le droit de rentrer le soir après l'heure réglementaire.

Et pour assurer une bonne fabrication, le bureau de l'Aumône générale fit venir d'Epinal tous les ustensiles et métiers appartenant à Desmotte et s'en rendit acquéreur. L'année suivante en 1761 [1], nous voyons apparaître un nouveau maître teinturier et fabricant dans la personne de Claude Jacquemard, que le bureau de l'Aumône générale fit venir de Troyes, toujours dans le même but.

Il avait surtout pour mission de teindre toutes les matières qu'on lui remettrait, quelles qu'elles fussent « en rouge de Rouen, bleu des Indes, bon teint, solide, résistant au débouilli ainsi que les autres couleurs de petit teint ». Il devait dévoiler ses secrets aux apprentis qu'on lui donnerait sinon son traitement serait diminué proportionnellement. Son traitement annuel se montait à 400 livres, et l'on réglait d'une façon minutieuse sa

------

(1) Création des manufactures à Bellevaux (Archives départementales. C. 32).

nourriture ; c'est ainsi qu'il avait droit à « trois broquets de vin par repas ». Les autres conditions étaient les mêmes que pour Desmottes.

Enfin, en 1762[1], l'Aumône générale s'attacha les services d'un nommé Joseph Mangeon, citoyen bisontin, maître fabricant de toiles de lin et de coton, et de son épouse, ainsi que l'aide de François Regnaud, maître teinturier de profession.

Leur traitement se montait seulement à 200 livres par an ; ils devaient façonner des ouvriers et ouvrières et Regnaud spécialement devait enseigner la teinturerie à un apprenti qu'on lui donnerait et justifier, tous les deux mois, devant les directeurs, des progrès accomplis par son élève.

Voilà donc la maison de Bellevaux pourvue de manufactures lui permettant d'occuper, non seulement les pauvres détenus ; mais encore ceux du dehors. C'était là évidemment une des façons les plus efficaces de venir en aide aux malheureux et de leur permettre de gagner honnêtement leur vie.

Ces manufactures furent florissantes pendant au moins un certain temps. En l'année 1771 [2], un inventaire fait dans les magasins de Bellevaux, où l'on réunissait les marchandises fabriquées dans les manufactures, nous permet de constater que des objets très divers étaient régulièrement fabriqués. Il y avait des bas de laine et de coton pour hommes, femmes et enfants, des culottes de laine tricotées, de nombreuses pièces de toile, en fil et en coton, et en laine. On y fabriquait également des toiles pour mouchoirs, des draps et des pièces de droguet. La marchandise inventoriée se montait à la somme de 2,693 livres.

---

(1) Création de manufactures à Bellevaux (Archives départementales. C, 32).
(2) Inventaire des effets et marchandises des magasins de Bellevaux (Id.).

2° Chantiers

Mais les ateliers de charité de beaucoup les plus importants furent créés en 1770 par une ordonnance royale [1] et qui devaient s'étendre à toute la France.

Le roi, ému de la misère affreuse qui régnait dans les campagnes à la suite des mauvaises années, avait décidé d'accorder tous les ans des fonds pour venir en aide aux malheureux. Et pensant que la meilleure façon de secourir efficacement ceux qui étaient le plus atteints était de leur procurer du travail, il fut amené à fonder ces nouveaux ateliers de charité qui devaient consister principalement dans l'ouverture de routes nouvelles, dans le perfectionnement de celles déjà commencées, dans la réparation des chemins de traverse.

C'était l'intendant de chaque province qui devait avoir la haute direction de ces ateliers ; comme c'était lui également qui recevait les fonds destinés à secourir les malheureux, son premier soin devait être de se procurer les renseignements les plus précis sur la situation des récoltes dans les différents cantons de sa généralité. Cette connaissance était en effet nécessaire pour pouvoir répartir d'une façon équitable les fonds qui étaient accordés, et proportionner les secours aux besoins de chacun. Une fois que l'intendant avait fixé la somme destinée à chaque canton, il lui était facile de déterminer le nombre des ateliers qui devaient y être formés, ainsi que le genre d'ouvrage auquel chacun de ces ateliers serait occupé et

---

[1] Instruction pour la création et la régie des ateliers de charité (Archives départementales. C. 98).

le lieu où les travaux seraient ouverts. Comme le but de ces établissements était de procurer des secours à ceux qui avaient les plus pressants besoins, avec les moyens les plus restreints pour y subvenir, il était indispensable d'y admettre toutes les personnes en état de travailler, hommes, femmes, vieillards et jusqu'aux enfants. Pour cela, il n'y avait guère que le maniement et le transport de terre, de cailloux et de graviers qui pouvaient être l'objet des ateliers de charité parce que ce sont là les seuls travaux qui pouvaient sans inconvénients, et en limitant la tâche de chacun, être exécutés par toutes sortes de personnes. C'étaient également les travaux les plus simples que l'on puisse trouver et pour lesquels il n'était pas besoin de posséder des connaissances spéciales. Si par hasard, dans les travaux entrepris, il s'en trouvait de plus difficiles, exigeant des bras plus exercés, on chargeait de leur exécution des entrepreneurs qui devaient être payés sur d'autres fonds que ceux destinés aux ateliers de charité.

Tel était le principe de ces ateliers de charité. Le premier chef et directeur en était l'intendant, c'est lui qui était chargé de la création de ces ateliers. Si les villages qui avaient souffert et avaient besoin de secours se trouvaient à proximité d'une ville, les habitants nécessiteux devaient être employés dans cette ville.

La chose la plus délicate et la plus minutieuse de ces ateliers de charité était certainement la direction de ces ateliers. Pratiquement, les difficultés devaient être grandes. Aussi le mécanisme et la conduite de ces maisons étaient-ils réglementés d'une façon fort habile et nous allons examiner aussi complètement que possible le fonctionnement de ces chantiers.

La conduite et la direction des travaux.

Si les travaux entrepris avaient pour objet la construction d'une route, la direction de cet ouvrage devrait être confiée aux ingénieurs des Ponts et Chaussées et exécutée d'après les plans et les tracés fournis par l'ingénieur en chef de la province ou par les sous-ingénieurs du département.

Une fois ces préparations achevées et le chantier ouvert, on nommait sur chaque atelier un chef appelé conducteur ou piqueur. Son rôle consistait à conduire les travaux d'après les instructions du sous-ingénieur, à distribuer et à vérifier les tâches, à surveiller les ouvriers, les instruire et les diriger dans leur travail.

En outre, on nommait encore des conducteurs généraux, chargés de veiller sur plusieurs ateliers, de les visiter constamment pour s'assurer si les conducteurs particuliers se conformaient exactement aux instructions reçues, soit pour la distribution des tâches, soit pour le tracé et la façon des ouvrages. Ils examinaient également, quand les ouvriers portaient plainte contre les conducteurs, si ces plaintes étaient fondées et, en ce cas, en rendaient compte au sous-ingénieur et au subdélégué, afin que ceux-ci puissent faire les recherches nécessaires pour vérifier les accusations et y donner la suite qu'elles comporteraient.

Les conducteurs et piqueurs devaient se conformer, pour ce qui concernait les directions, les pentes et tout ce qui était relatif à l'art, aux instructions et aux ordres qui leur étaient donnés par l'ingénieur ou les sous-ingénieurs du département. Ils recevaient également les ordres des subdélégués ou des commissaires particuliers établis dans les lieux qui n'étaient pas à portée des subdélégués, pour tout ce qui concernait la police des ateliers. Ils leur rendaient compte également de tout ce qui se passait parmi les ouvriers, du bon ordre ou de l'insubordination, afin qu'ils y pourvoient et qu'ils punissent les délinquants suivant la gravité des cas.

Police des ateliers et distribution des travailleurs

La police des ateliers et tout ce qui se rattachait à cette attribution, était confié aux subdélégués des lieux où se trouvaient les ateliers.

Lorsque les subdélégués, par leur éloignement ou par quelque autre circonstance, n'étaient pas à portée d'y veiller par eux-mêmes, on nommait des commissaires particuliers qui remplissaient les mêmes fonctions que le subdélégué et avec la même autorité.

Comme nous l'avons dit, ces ateliers de charité étaient destinés à fournir un moyen de subsistance à tous ceux qui en avaient besoin. Il semblait donc, que l'on dût admettre sur ces chantiers indifféremment tous les travailleurs qui se présentaient, de quelque province et de quelque canton qu'ils soient. Mais, on avait reconnu que cette faculté aurait entraîné les plus grands inconvénients, et qu'il était impossible, dans des conditions semblables, de faire régner l'ordre parmi les ouvriers, d'y régler leurs tâches, d'y distribuer leurs salaires étant donné le nombre d'hommes, de femmes et d'enfants qui étaient rassemblés au hasard. Il en serait en outre résulté un double inconvénient, une plus grande dépense et une moindre quantité d'ouvrage, à proportion de cette dépense.

En effet, ce qu'il fallait éviter avant tout, c'était le surnombre d'ouvriers admis dans chaque atelier. Pour parer à cet inconvénient, on devait désigner à l'avance les paroisses admises aux différents ateliers nouvellement créés et on attachait irrévocablement à chacun d'eux les travailleurs des paroisses désignées à cet effet.

D'après cette distribution préliminaire, le subdélégué ou le commissaire chargé de la police de chaque atelier, devait écrire aux curés des paroisses affectées à l'atelier qu'il dirigeait pour lui demander la liste exacte des travailleurs qui se présenteraient afin de participer aux travaux. Les intendants devaient distribuer aux subdélégués ou commissaires des feuilles imprimées pour servir à former les listes des travailleurs de chaque paroisse. Elles étaient envoyées en double aux curés des paroisses pour qu'ils puissent faire deux listes. Un exemplaire était remis au conducteur de l'atelier; l'autre restait entre les mains du commissaire, tant pour son usage personnel, que pour remplacer la liste du conducteur si elle venait à se perdre.

Ces listes devaient comprendre nom par nom tous les particuliers de chaque paroisse qui se présenteraient pour travailler dans les ateliers et qui avaient besoin de ce secours. Ils étaient divisés en brigade de dix à douze personnes au plus et de cinq à six au moins. Les curés se chargeaient de la formation de chaque brigade. Autant que possible, elle devait comprendre des gens de la même famille ou tout au moins se connaissant. Le chef de la brigade était celui qui paraissait avoir le plus d'intelligence et d'honnèteté et qui jouissait de la meilleure réputation. Si, pour une raison quelconque, les curés ne pouvaient ou ne voulaient s'acquitter de cette tâche, le soin en incombait, soit au seigneur ou à quelque autre personne qui, par son zèle et son intelligence et par la connaissance de la paroisse, était en état de remplir exactement la liste.

Une fois ces listes formées et entre les mains du commissaire de l'atelier et du conducteur, ceux-ci fixaient l'heure et le jour auxquels les travailleurs de chaque paroisse étaient admis sur le chantier. Autant que possible, pour ne pas troubler l'ordre, les travailleurs de chaque paroisse n'arrivaient pas tous ensemble, mais bien dans un ordre réglé d'avance.

Chaque jour les conducteurs devaient faire deux fois l'appel au moyen de ces listes en parcourant l'atelier dans toute sa longueur et en appelant, nom par nom, les travailleurs de chaque paroisse. Ces appels permettaient de contrôler le nombre des ouvriers.

Attribution des tâches

Dans les ateliers, toutes personnes étaient admises : hommes, femmes, vieillards et enfants. Dans ces conditions, il était presque impossible de payer les ouvriers à la journée. On préféra les payer à la tâche. Cette méthode aurait été, elle aussi, défectueuse, si l'on avait voulu donner une tâche à chaque travailleur, pour la rendre pratique on réunissait plusieurs travailleurs, par famille ou par brigade, et ils étaient chargés de l'accomplissement d'une même tâche.

Le conducteur donnait au chef de brigade la part d'ouvrage destinée aux travailleurs qu'il avait sous ses ordres. C'était à ce chef qu'il expliquait la nature du travail et la quantité à produire ; c'était à lui qu'il confiait les outils ; avec lui également qu'il convenait du salaire ; à lui qu'il versait des acomptes, qu'il délivrait la réception de l'ouvrage et qu'il en soldait le payement. Tous ces détails se traitaient en présence de toute la brigade.

Le registre des conducteurs, pour la distribution des tâches, était donc formé par paroisses et par brigades, d'après les listes des curés. Sur ce registre était inscrit le chef de la brigade ainsi que le nombre des hommes, celui des femmes et celui des enfants qui la composaient. Les tâches étaient distribuées pour un petit nombre de jours seulement, et la même brigade devait en exécuter plusieurs dans le cours de la campagne.

Bien que la distribution des tâches dût se faire par famille ou par brigade, il était néanmoins difficile de proportionner ces travaux au nombre, à l'âge et à la force des personnes qui composent une même famille. Pour établir cette proportion avec une exactitude rigoureuse, il était d'abord nécessaire d'évaluer ce que peut faire un homme par jour, suivant l'espèce d'ouvrage, la qualité du terrain plus ou moins dur à fouiller, la distance qui séparait son habitation du chantier, enfin il fallait avoir égard à toutes les difficultés qui se présentaient. Cette évaluation était encore plus embarrassante étant donné la nécessité où l'on se trouvait de tenir compte de la différence de force des hommes, des femmes et des enfants qu'on employait. Ce n'était cependant qu'après avoir pesé toutes ces considérations qu'il était possible de déterminer le prix des ouvrages en prenant pour base la toise cube ou la toise courante.

Il aurait fallu, pour effectuer cette opération, des personnes compétentes dans ce genre de travaux. Or, ces ateliers de charité ne pouvaient se flatter d'en trouver un nombre suffisant pour diriger tous les ateliers.

Il fallait donc se résoudre à employer une autre méthode et voici quelle elle fut : des hommes sérieux et capables étaient chargés de fixer ces tâches d'après une estimation arbitraire ; puis de se mettre d'accord d'une façon définitive avec le chef de brigade.

Cette manière de faire est la même que celle employée par un entrepreneur vis à vis de ses ouvriers. Il y a forcément, de temps à autre, des erreurs tantôt au profit de l'un, tantôt au profit des autres, mais, dans les ateliers de charité, ces erreurs avaient beaucoup moins d'inconvénients parce qu'on pouvait toujours s'en apercevoir et y remédier. En effet, le conducteur pouvait reconnaître facilement au bout de quelques jours si la tâche qu'il avait donnée à sa brigade était trop faible ou trop forte. Grâce à son active surveillance il se rendait compte si la famille avait travaillé avec activité, et si dans ce cas son travail lui avait procuré de quoi vivre.

Comme il n'avait aucun intérêt à profiter d'une erreur de calcul, il diminuait la tâche ou en augmentait le prix, suivant les cas ; il faisait le contraire si la première estimation avait été trop forte. Cet arbitraire avait certainement quelques inconvénients ; mais il était difficile d'arriver à une solution plus satisfaisante.

Cependant, pour certains ouvrages, comme ceux qui consistent en transports de terre ou en déblais et remblais, on pouvait parvenir à régler les tâches d'une façon plus juste, et voici comment l'on procédait : ces transports de terres se faisaient avec des brouettes, avec des camions, avec des hottes, avec des espèces de civières et à des distances plus ou moins considérables. Pour les brouettes et les hottes, on n'employait qu'une seule personne ; il en fallait deux pour les civières ou les camions. La tâche de ceux qui portaient la terre d'un lieu à l'autre pouvait se régler facilement, en tenant compte du nombre des voyages, du poids de la charge et de la distance plus ou moins grande ou, pour simplifier les choses, à raison du nombre des voyages que l'on pouvait faire raisonnablement dans un jour. Or il était assez facile de déterminer, au moyen de quelques essais, combien un homme pouvait faire de voyages par jour et combien il pouvait fournir d'heures de travail sans une fatigue trop grande. Pour compter le nombre de voyages voici le moyen que l'on employait : un homme était préposé à l'endroit de la décharge et à chaque voyage il remettait un ticket spécial à l'ouvrier, celui-ci à la fin de la journée les présentait au conducteur qui lui payait le prix convenu.

Le nombre des ouvriers occupés à transporter les terres au remblai supposait un nombre proportionné d'ouvriers occupés dans le déblai à couper les terres que les premiers transportaient. Les marques que l'on devait donner aux ouvriers qui faisaient ces voyages, indiquaient en même temps le travail de ceux qui coupaient la terre dans le déblai pour charger les hottes et les brouettes.

Supposons qu'un fort ouvrier soit attaché à un déblai et qu'on l'ait chargé de couper la terre à la pioche, qu'un enfant travaille avec lui à rassembler la terre que le premier a pioché et à remplir la hotte d'un troisième qui va porter cette terre au remblai ; celui-ci recevrait autant de marques qu'il aurait fait de voyages. Mais il n'aura pas pu faire ce nombre déterminé de voyages sans que le manœuvre qui a chargé sa hotte et le terrassier qui a pioché la terre dont cette hotte a été chargée, aient fait, chacun de leur côté, un travail dont la quantité corresponde exactement au nombre des voyages qu'aura fait ce porteur de hottes et au nombre de marques qu'il aura reçues. De cette façon, on pouvait régler également par le nombre des tickets que rendait le porteur de hottes, le salaire de ceux qui avaient travaillé à la remplir. Il n'était pas nécessaire pour autant que le salaire fût le même pour tous. L'ouvrier qui piochait, fournissant le travail le plus pénible, était celui qui recevait le salaire le plus considérable.

Aussi pour éviter toutes espèces de réclamations, le conducteur devait s'efforcer de charger une même brigade, lorsque sa composition s'y prêtait, du déblai et du remblai. Dans ce cas, les hommes étaient occupés du déblai et les femmes, les enfants chargeaient et transportaient la terre.

Cette méthode était très simple, facile à exécuter, à la portée d'un plus grand nombre d'hommes et en somme aussi juste qu'avec des calculs de toises. Elle avait en outre un autre avantage qui consistait à activer l'ouvrage. En effet, les voituriers payés en raison des voyages qu'ils faisaient, avaient tout intérêt à presser les travailleurs qui devaient leur fournir de la terre.

Un abus cependant était à craindre, avec cette méthode : Les terrassiers et les voituriers pouvaient s'entendre entre eux, faire des charges plus faibles, et de ce fait multiplier les voyages et diminuer le travail. Dans ce cas, les piqueurs ou conducteurs, placés au remblai pour distribuer les tickets, devaient refuser de donner ces marques pour les charges qui leur semblaient sensiblement trop légères.

De la manière de payer les ouvriers

Pour éviter toute confusion, les tâches, au lieu d'être données chaque jour, était distribuées pour une semaine. Mais lorsqu'un atelier s'ouvrait pour la première fois, il était impossible de laisser s'écouler une semaine entière sans rien donner aux travailleurs ; ceux-ci, en effet, étaient en grande partie, des pauvres dénués de toute ressource et qui n'auraient pu subsister en attendant la fin de la semaine. Il était donc indispensable de donner au père de famille ou au chef de tâche, à mesure que l'ouvrage avançait, des acomptes pour pourvoir à la nourriture journalière des travailleurs.

En employant ce système d'acomptes, à moins que la tâche donnée à une brigade n'ait été évaluée trop faiblement, ou que les ouvriers n'aient travaillé avec nonchalance, la brigade à la fin de chaque semaine devait avoir gagné quelque chose de plus que la simple subsistance des travailleurs, et par conséquent plus que les acomptes qui lui avaient été distribués. Alors, et sur le certificat de réception de la tâche, le conducteur faisait payer au chef de la brigade ce qui lui restait dû sur son travail.

La brigade était composée d'hommes, de femmes et d'enfants ; tous avaient été nourris sur les acomptes reçus. Or, il est un fait certain : c'est qu'un enfant mange autant qu'un homme tout en fournissant un travail bien moins considérable. Il n'aurait donc pas été juste que l'excédent des sommes déjà touchées fût distribué d'une façon égale à tous. Une différence s'imposait entre eux ; aussi cet excédent était-il distribué et partagé en entier aux hommes et aux femmes au-dessus de 16 ans ; les enfants n'y avaient aucune part. Cette disposition était équitable, parce que généralement une famille tout entière travaillait à la même tâche. Or, les enfants n'avaient pas d'autre besoin que d'être nourris, tandis qu'au contraire, les pères et mères étaient chargés de l'entretien de toute la famille et qu'ils avaient souvent à nourrir et à élever des enfants en bas âge sur le prix de leur travail.

Pour prévenir les discussions qui n'auraient pas manqué de surgir au moment de la distribution de l'excédent du prix de leur travail, cet arrangement était expliqué aux ouvriers dès le moment de la répartition de l'ouvrage et les chefs d'ateliers devaient s'assurer qu'elle était bien comprise et acceptée.

Enfin, le chef de brigade ayant une responsabilité plus considérable que les ouvriers, et travaillant tout autant, recevait un supplément de salaire proportionné à l'ouvrage accompli ; mais seulement lorsqu'il avait rempli ses fonctions d'une manière satisfaisante et qu'il n'avait donné lieu à aucune plainte fondée de la part de ses ouvriers.

De la Comptabilité

La comptabilité, chose importante dans des ateliers de charité de cette envergure, était tenue par le commis-conducteur et le caissier chargé des payements. Cette comptabilité devait être soigneusement arrêtée chaque semaine et vérifiée chaque mois.

Le conducteur était tenu d'établir un état des tâches qu'il distribuait et de les inscrire par ordre de dates. Il devait spécifier la nature de la tâche, le nom du chef de brigade et le nombre de travailleurs. Il inscrivait également le prix du travail, les acomptes versés et cela pour connaître très exactement le bilan des recettes et des dépenses.

Le caissier était chargé de régler les ouvriers et de faire, sur l'ordre du subdélégué, les achats nécessaires, soit en fait d'outils, ou de tout autre chose utile au fonctionnement et à l'accomplissement des travaux. Il recevait l'argent contre quittance et devait tenir un registre détaillé de toutes ses dépenses.

Telles étaient les principales façons dont les questions difficiles étaient résolues. Dans ce réglement, forcément tout n'était pas parfait ; mais il y avait là une manière extrêmement utile et efficace de venir en aide à une catégorie de pauvres très intéressants : les ouvriers sans travail et les cultivateurs ruinés par le manque de récoltes.

Les chantiers créés à Besançon

Ce ne fut qu'en l'année 1784 que ces nouveaux ateliers de charité furent créés à Besançon et que nous en voyons l'application. Au mois de mars de cette année, M. de Lacoré, intendant de Franche-Comté avait fait consulter, sur ce projet, les membres du conseil municipal qui avaient émis un avis favorable. Des fonds furent accordés, non pas pour secourir les pauvres chez eux, mais pour permettre d'ouvrir des ateliers de charité. Cependant ce projet ne fut pas mis à exécution de suite ; on commença par faire quelques essais et quelques expériences dans la province et devant les résultats satisfaisants obtenus, il fut décidé de prendre pour Besançon même, de semblables mesures. Au mois de novembre 1784, l'intendant annonce aux conseillers municipaux [1] que le roi vient d'accorder des subsides importants pour l'ouverture de ces ateliers. La somme allouée se monte à 5758 livres ; mais la ville de Besançon doit fournir une somme égale et c'est seulement avec la réunion de ces capitaux que l'on pourra commencer cette entreprise. Les travaux devront surtout consister en terrassements afin que tout le monde puisse y prendre part.

Les conseillers municipaux sont priés d'envoyer un projet des plans qu'ils jugeront le plus utile et le plus convenable à exécuter.

Aussitôt cela fait, lorsque le projet aura été examiné et approuvé par le contrôleur général, on ouvrira l'atelier, en attendant toutefois que les travaux de la campagne soient terminés, moment où les pauvres manquent d'ouvrage.

---

[1] Extrait des délibérations de l'hôtel-de-ville. Lettre de l'intendant (Archives départementales. C. 98).

A Besançon aussi, on juge que cette façon de venir en aide aux malheureux est la manière la plus avantageuse ; en effet, la difficulté presque insurmontable de se procurer des informations certaines sur la misère réelle de chaque individu, l'impossibilité de proportionner les secours aux besoins, enfin le danger de détruire l'efficacité du secours en le divisant à l'infini, faisaient préférer cette méthode de secourir les pauvres à toute autre. Chaque habitant en effet, de tout sexe et de tout âge pouvait prendre part aux travaux, avec la certitude de recevoir le juste salaire de ses efforts et de subvenir chaque jour aux besoins de sa famille, dans une saison rigoureuse où la misère est d'autant plus cruelle que les besoins sont plus grands et que beaucoup de travaux sont suspendus.

Aussi, le conseil municipal accorde sans la moindre hésitation une somme égale à celle qui a été donnée par le roi.

Il s'agit maintenant d'organiser des travaux qui, tout en étant utiles aux pauvres, embelliront la ville et voici le plan proposé[1] :

1° Réparation aux chemins tirant du village de Bregille à la prairie de Vaux et aux Prés de champs, ouvrages dont les plans et devis ont déjà été remis dans le courant du mois de juin précédent aux bureaux de l'Intendance et que M. de Caumartin de Saint-Ange est prié de vouloir bien se faire représenter.

2° Remblais de terrain sur le port de Rivotte pour l'emplacement des bois flottés, travaux que l'on peut considérer comme étant de la plus grande utilité.

3° L'enlèvement des terres de la seconde enceinte des fortifications de Chamars et l'abaissement de leur mur de revêtement

---

[1] Archives départementales. C. 98.

jusqu'au cordon pour ne former qu'un seul et même terre-plein dans toute l'épaisseur des remparts au-dessus de leur talus intérieur ; ouvrages indispensables pour la salubrité de la promenade de Chamars.

Tels furent les divers travaux proposés et le conseil municipal chargea un contrôleur adjoint, le sieur Bertrand, de se rendre compte des frais et des dépenses occasionnés par ces travaux.

Le 18 octobre 1784, Bertrand fait son rapport dans lequel il récapitule les dépenses :

Projet de réparation du chemin tirant aux Prés-de-Vaux et plantation d'arbres : Main-d'œuvre, 3,339 liv. — Travaux d'art. 2,298 liv.

Projet d'une chaussée le long des Prés de-Vaux, plantation d'arbres et arrêt subsidiaire pour le flottage des bois, dirigé au courant de la rivière du Doubs dès l'angle fermé du Bastion de Saint-Pierre au Bartarde auprès de la tour de la Pelotte : Main-d'œuvre ; 7,488 liv. — Travaux d'art, 6,835 liv.

Projet de plantation de pieux et nivellement de terrain sur le port de Rivotte : Main d'œuvre, 1,290 liv. — Travaux d'art, 1,375 liv.

Projet d'abaissement jusqu'au cordon de la seconde enceinte des fortifications de Chamars, dès le pontet jusqu'à l'embouchure du canal du moulin de l'Archevêque, enlèvement d'environ 789 toises de terrain à raison de 6 liv. 10 chaque toise, transport, nivellement compris : Main d'œuvre, 5,128 liv.

Ce ne fut pas seulement à Besançon que ces différents ateliers de charité furent ouverts, mais aussi dans tous les villages de la subdélégation [1] qui contribuaient, par des sommes souvent assez importantes, à l'accomplissement de ces travaux.

C'étaient les villages de Devecey, Bonnay, Mérey, Vieilley, Venise, Montcey, Corcelle, Corcondray, Villers-Buzon.

____

(1) Archives départementales. C. 98.

Ces villages se réunissaient à plusieurs pour donner la somme nécessaire afin d'ouvrir un atelier de charité. C'est ainsi que des chemins de communication furent entrepris depuis les villages de Devecey, Bonnay, Mérey, etc. pour aboutir aux grandes routes de Vesoul et de Montbozon.

Ces villages furent alors mis en communication plus facile avec la ville de Besançon, mesure qui fut très favorable aux cultivateurs qui vendaient leur foin dans cette ville.

Et en dehors des sommes fournies par les villes ou les villages, de généreux citoyens contribuèrent par leurs dons à la continuation des ateliers de charité.

Ces ateliers, qui permirent de secourir de grandes misères, furent extrêmement appréciés dans les villes et les villages où ils furent créés et un grand nombre de chemins de communication sont dus à cette façon intelligente de secourir les pauvres.

3º Occupations à domicile fournies aux pauvres

Les manufactures établies dans les établissements de charité s'adressaient surtout aux mendiants qui avaient toujours vécu dans la paresse.

Un nouveau projet, pour distribuer du travail à domicile, paru en 1775 [1], s'adressait particulièrement aux artisans auxquels la pauvreté ne laissait pas les moyens de se procurer la matière première nécessaire à leur industrie, ainsi qu'aux femmes et aux enfants.

---

[1] Sur le moyen de procurer, par une augmentation de travail, des ressources aux pauvres dans le cas d'une augmentation dans le prix des denrées (Archives départementales. C, 98).

Ce projet fut édifié et publié à la suite de l'augmentation subite du prix des denrées, de sorte qu'il existait une disproportion énorme entre les salaires touchés par les ouvriers et les frais qui leur incombaient pour assurer leur subsistance. Cette augmentation des denrées provenait de la modicité des récoltes et des distances considérables d'où il fallait faire venir les grains et autres vivres.

Pour remédier à cet état de choses, le seul moyen pensait-on, serait de donner aux artisans pauvres un supplément de salaire en leur fournissant un supplément de travail et surtout en distribuant du travail facile à différentes classes de sujets que le public n'occupe généralement pas; nous avons nommé les femmes et les enfants.

Il semblait que les ouvrages les plus simples et les plus capables de faire vivre un grand nombre d'artisans désœuvrés, étaient les dentelles, les gazes et tous les autres genres de travaux manuels.

La filature principalement devait procurer aux femmes et aux enfants un ouvrage en rapport avec leur adresse, et dont la rétribution, si modique soit-elle, devait devenir un véritable secours qui, répandu par parcelles, multiplié et ajouté aux salaires que le père se procurait par un travail plus lucratif, permettrait d'assurer la subsistance de toute la famille.

En effet, lorsque la cherté des vivres était hors de proportion avec les moyens dont disposait le peuple, ce n'était pas pour lui-même que souffrait l'homme de peine, l'ouvrier, le manœuvre; ses salaires, s'il était seul, suffisaient largement à le nourrir et à lui permettre de s'entretenir, mais c'étaient les femmes et les enfants qui étaient à plaindre, aussi c'est de ces derniers que l'on va s'occuper activement pour leur faire gagner quelque argent.

Pour parvenir à procurer ainsi des ressources aux sujets indigents et les mettre tous à même d'y participer, le roi fit distribuer des fonds considérables, et voici comment l'emploi devait en être fait : dans toutes les villes où ce système de charité était mis en vigueur, on choisissait pour chaque quartier six commerçants notables qui acceptaient bénévolement cette charge de bienfaisance ; des fonds leur étaient confiés avec lesquels ils achetaient et faisaient venir des matières premières. Elles étaient alors livrées par portions aux ouvriers indigents de chaque paroisse, d'avance et sans en exiger le payement, sur un simple certificat de leur honnêteté délivré par le curé.

Cette distribution devait se faire par petites parties : une livre de filasse, quelques onces de fil à dentelles ou de soie pour la gaze et les blondes, ceci pour éviter les abus et diminuer les pertes et surtout pour empêcher que les ouvriers ne soient tentés de vendre ce qui leur serait distribué et d'en tirer un profit quelconque. Voici maintenant de quelle façon était évaluée la marchandise fabriquée : elle devait l'être au prix coûtant et sans jamais l'excéder. Une fois cette évaluation faite, le commerçant devait acheter l'ouvrage et le payer sur le champ à l'ouvrier en déduisant la valeur de la matière première. Puis, on remettait aux pauvres qui désiraient continuer leur travail une nouvelle quantité de matières premières.

C'est ainsi que, par des livraisons successives, on pouvait arriver à occuper continuellement les ouvriers sans qu'il en coutât aucune avance. L'évaluation de l'ouvrage devait être faite par une femme attachée au bureau de chacun de ces commerçants. Pour exciter les ouvriers au travail et encourager cette nouvelle façon de secourir les pauvres, l'évaluation devait être faite un peu au dessus du prix ordinaire.

Pour éviter que l'ouvrier ne se croie lésé ou qu'il ne craigne qu'on abuse de lui, ou que son travail ne lui soit payé un prix inférieur à sa valeur, on lui laissait la faculté soit d'apporter son ouvrage au bureau où il lui était payé, soit d'aller le vendre ailleurs en rapportant seulement la valeur de la matière première qui lui avait été avancée, et on lui délivrait une nouvelle quantité d'ouvrage.

Les commerçants chargés de chaque bureau vendaient les travaux terminés qui leur étaient apportés et avec le prix qu'ils en retiraient, ils achetaient de nouvelles matières premières destinées à être encore distribuées aux ouvriers indigents. Voilà donc une nouvelle façon très ingénieuse de venir au secours non plus des mendiants professionnels, mais d'une classe indigente bien autrement intéressante : les artisans chargés de famille.

En effet, par ce système, chaque famille était assurée d'obtenir un travail régulier bien payé qui pouvait la faire vivre. Un double avantage en résultait pour elle : d'un côté elle obtenait sans aucune avance la matière première, quelle que soit son indigence et d'autre part, elle était assurée de la vente immédiate de son ouvrage. Ces salaires, distribués à tous les indigents, y compris même les enfants dont la famille était composée, se trouvaient augmentés avec le nombre des personnes composant la même famille.

Ces secours s'adressaient aussi à cette classe particulière d'indigents que la honte couvre d'un voile et qui se cachent à la société : nous avons nommé les pauvres honteux. Ils pouvaient, eux aussi, participer à ces secours en se livrant à ce travail exécuté dans l'intérieur de leurs maisons et à l'abri de toute indiscrétion.

Les indigents, à qui leur tempérament ou leurs infirmités, ne permettaient pas de s'adonner à aucune occupation, ni d'espérer aucun salaire, trouvaient dans ce travail à la portée de tous un grand avantage et pouvaient en partie subvenir à leurs besoins.

Et pour que ce plan, réellement très bien conçu, put réussir, c'est surtout sur la participation des curés de chaque paroisse que l'on comptait. C'étaient eux qui devaient décider les indigents à se livrer à ces travaux qui étaient tout nouveaux pour eux ; c'étaient eux aussi qui, sous la menace de leur retirer les aumônes, devaient les encourager et au besoin les obliger à accepter ce travail qui, une fois entré dans leurs habitudes, devait leur être extrêmement profitable.

CONCLUSIONS

Ce mouvement charitable que nous avons vu prendre naissance et s'organiser d'une façon si complète au xviiie siècle à
Besançon, s'étendit encore à toutes les villes et villages un peu
importants de Franche-Comté et faisant partie du diocèse de
Besançon.

A Baume, nous trouvons un hôpital de la charité [1], destiné
à recevoir les malades de la ville, les passants ou pèlerins,
fondé le 12 mars 1504 par Pierre de Cointet et sa femme. Les
produits de cet établissement de charité ne se montaient qu'à
1.000 livres au plus et son action n'était évidemment pas très
étendue.

Mais en 1754 [2], il se fonda une aumône destinée à secourir
les pauvres de la ville et des environs et plus particulièrement
les pauvres honteux. L'administration en fut confiée aux
prieurs et conseillers de la confrérie de la croix et au curé.
Des legs avaient été faits à cet établissement.

---

(1) Archives départementales, C. 13.
(2) Id.

Une nouvelle aumône fut fondée en 1757 [1] par le seigneur de Rougemont. Son but était d'apprendre à lire et de donner des métiers à de pauvres enfants et de soulager des familles indigentes. Les magistrats de la ville et le curé étaient chargés de l'administration de cet établissement.

A Clerval, un établissement de charité datant de 1753 [2] s'efforçait de soulager les indigents et les malades de la paroisse ainsi que les pauvres enfants. Les dames de charité formaient une confrérie ayant à leur tête le curé et se chargeaient de visiter et soulager les malheureux. A Cernay, une aumône fondée en 1725 [3] avait pour but de soulager les pauvres de la paroisse. Le curé et deux des plus notables habitants, faisaient la distribution des secours.

L'aumône de Courtefontaine, fondée en 1771 [4] pour le soulagement des pauvres de cette commune, avait pour distributeur le vicaire en chef.

Héricourt avait une aumône qui datait de 1667 [5] et dont les fonds étaient destinés à porter secours à trois veuves et sept orphelins et aux pauvres de la ville, tant catholiques que luthériens, par moitié. Le bailli, le curé et le ministre étaient chargés de cette distribution.

A Saint-Hilaire une aumône datant de 1718 [6], secourait les pauvres et les malades et instruisait les enfants indigents. Le notaire et le curé faisaient les distributions.

La paroisse de Saint-Hyppolite possédait une aumône datant

---

(1) Archives départementales. C. 13.
(2) Id.
(3) Id.
(4) Id.
(5) Id.
(6) Id.

de 1769 [1], fondée pour le soulagement des pauvres et des
malades. Le curé en était le directeur.

La petite ville de Marnay possédait également un établissement de charité rendant les plus grands services [2]. Les revenus provenaient des dons faits aux pauvres, de legs et autres
charités.

C'était surtout aux pauvres malades que s'adressaient les
secours. Il s'était formé une association composée de 24 dames
de charité qui, pendant quinze jours chacune et tour à tour,
faisaient le bouillon pour les malades et le leur distribuaient.
En plus, il y avait un receveur des revenus chargé d'acheter le
nécessaire pour la convalescence des malades. Il rendait compte
chaque année au curé de ses recettes et de ses dépenses. Le
bouillon n'était distribué que sur un billet du curé qui s'informait auparavant du besoin dans lequel se trouvait le solliciteur.

A Quingey, il y avait plusieurs établissements de charité [3].

L'Hôtel-Dieu, chargé de secourir les pauvres de la paroisse
et datant de 1431, avait été réuni ainsi que ses revenus à l'hôpital Saint-Jacques de Besançon, à la condition de recevoir les
pauvres malades de Quingey et cela en proportion des revenus.
Or, cette condition était très mal remplie, les malades en danger ne pouvant que rarement se faire transporter à Besançon
sans s'exposer à mourir en route, le voyage durant plus de
24 heures.

Un autre établissement de charité appelé le drap-Dieu avait
été fondé en 1320 [4] par une dame d'Artois ; il habillait les
pauvres de la paroisse.

---

(1) Archives départementales. C. 13.
(2) Id. C. 73.
(3) Id. C. 85.
(4) Id.

Jane de Bordoux avait fait en 1721 une fondation destinée à apprendre des métiers à six pauvres enfants, fondation qui fut augmentée par les soins des officiers municipaux. Cet établissement rendait les plus grands services car « il procurait à la ville, l'avantage de former de bons sujets, souvent utiles au bien public par les métiers qu'on leur faisait apprendre comme ceux de charpentier, couvreur, etc... ».

Salins était également pourvu de plusieurs établissements de charité [1].

L'hôpital du Saint-Sépulchre ou Hôtel-Dieu, fondé en 1431 [2], s'occupait des pauvres malades et des militaires.

L'hôpital de la Charité doit son établissement au zèle du clergé, de la noblesse et de la bourgeoisie de la ville [3] ; des lettres-patentes lui furent accordées en 1710. Son but était d'élever des enfants orphelins ; il y avait une manufacture de toiles et de dentelles sous la direction de maîtres et de maîtresses à gages, pour faire travailler les pauvres orphelins qui y étaient placés. L'administration de cet hôpital était confiée aux corps de ville avec le maire comme président.

L'Aumône générale [4], fondée en 1720, était destinée à faire chaque semaine des distributions de pain aux pauvres. Les aumônes annuelles y étaient considérables, puisque dans un temps de misère, la distribution fut de près de 1200 livres de pain par semaine et qu'en temps ordinaire elle était de 800 livres par semaine. Les curés et plusieurs chanoines en étaient les administrateurs.

(1. Archives départementales. C. 85.
(2) Id.
(3) Id.
(4) Id.

En plus, dans chaque paroisse, les dames de charité et le curé formaient une association [1] qui chaque jour faisait aux pauvres malades une distribution de pain, de viande et de bouillon.

Un petit séminaire fondé en 1780 faisait apprendre « la latinité » à six enfants pauvres, orphelins de père et de mère.

Enfin, une confrérie de la Croix [2], dont la date remonte à 1583, s'occupait des pauvres honteux et se chargeait de faire apprendre des métiers à des enfants indigents.

Nous pouvons conclure de tout ce que nous venons de voir que la charité se pratiquait d'une façon complète, non seulement à Besançon; mais dans toute la Franche-Comté. Si cette maxime d'économie sociale qui prétend que l'esprit charitable et philanthropique d'une cité se mesure au nombre et à l'importance de ses institutions de bienfaisance, on peut dire sans crainte d'être taxé d'exagération que la Franche-Comté avait le droit d'être considérée comme une des provinces les plus charitables.

---

(1) Archives départementales, C. 85.
(2) Id

APPENDICES

DÉCLARATION DU ROI
CONCERNANT LES MENDIANTS ET VAGABONDS
Du 17 juillet 1724

Louis par la grâce de Dieu, Roi de France et de Navarre : A tous ceux qui ces présentes lettres verront, salut. Nous avons toujours vu avec une peine extrême depuis notre avènement à la couronne, la grande quantité de mendians de l'un et l'autre sexe qui sont répandus dans Paris et dans les autres villes et lieux de notre Royaume, et dont le nombre augmente tous les jours. L'amour que Nous avons pour nos peuples nous a fait chercher les expédiens les plus convenables pour secourir ceux qui ne sont réduits à la mendicité que par ce que leur grand âge ou leurs infirmités les mettent hors d'état de gagner leur vie ; et notre attention pour l'ordre public et le bien général de notre Royaume nous engage à empêcher, par des règlements sévères, que ceux qui sont en état de subsister par leur travail mendient par pure fainéantise et parce qu'ils trouvent une ressource plus sûre et plus abondante dans les aumônes des personnes charitables, que dans ce qu'ils pourraient gagner en travaillant. Ils sont en cela d'autant plus punissables, qu'ils volent le pain des véritables pauvres en s'attribuant les charités qui leur seraient destinées; et l'ordre public y est d'autant plus intéressé, que l'oisiveté criminelle dans laquelle ils vivent, prive les villes et les campagnes d'une infinité d'ouvriers nécessaires pour la culture des terres et pour les manufactures, que cette même oisiveté porte insensiblement à commettre les plus grands crimes. Pour arrêter les progrès d'un si grand mal, auquel on a voulu remédier dans tous les temps, mais sans succès jusqu'à présent, Nous avons fait examiner en notre conseil, les différens règlemens faits par les rois nos prédécesseurs, et ceux faits par différens princes et puissances de l'Europe, sur une matière qu'on a toujours regardée comme un objet principal dans tous les Etats bien policés; et Nous avons reconnu que ce qui avait pu empêcher les succès d'un grand nombre de règlements ci-devant faits à ce sujet, est que l'exécution n'en avait point été générale dans tout le Royaume; et que les mendiants chassés des principales villes ayant eu la facilité de se retirer ailleurs, ils auraient continué dans le même libertinage, ce qui les aurait mis à portée de revenir bientôt dans les lieux mêmes d'où ils avaient été chassés; que l'on avait pas pourvu suffisamment à l'entretien des hôpitaux, ce qui avait obligé dans différens endroits, les directeurs des hôpitaux à ouvrir les portes à ceux qui étaient renfermés; que l'on n'avait point offert de travail et de retraite aux mendians valides qui ne pouvaient en trouver, ce qui leur avait fourni un prétexte de transgresser la loi, par l'impossibilité où ils avaient prétendu être de l'exécuter faute de travail et de subsistance; et qu'enfin, les peines prononcées n'étant pas assez sévères, ni aucun ordre établi pour reconnaître ceux qui auraient été arrêtés plusieurs fois et les punir plus sévèrement pour la récidive, la trop grande facilité de se soustraire à la disposition de la loi et le peu de danger d'être convaincus, à cause de la légèreté de la peine, en aurait fait totalement négliger les dispositions. Pour prévenir ces mêmes inconvéniens, Nous avons pris les moyens qui nous ont paru les plus sûrs pour que notre présente Déclaration fût également exécutée dans toute l'étendue du Royaume. Nous donnerons les ordres nécessaires pour la subsistance des hôpitaux; et où leurs revenus ne se trouveraient pas suffisants, Nous y suppléerons de nos propres deniers, et

Nous espérons même que nos peuples contribueront volontairement par leurs charités, à une œuvre si sainte et si avantageuse à l'Etat, et qui leur sera si peu à charge que, quand même chaque particulier ne donnerait par aumône aux hôpitaux chaque année que la moitié de ce qu'ils distribuoient manuellement aux mendians, ce seul secours serait plus que suffisant pour les besoins de tous les hôpitaux du Royaume ; et en proposant une subsistance et un travail assuré à ceux des mendians valides qui n'en auraient pu trouver, Nous leur ôtons toute excuse de désobéir à la loi, et Nous sommes par là en état d'établir des peines plus sévères puisqu'ils sont entièrement les maîtres de les éviter, nous avons même jugé à propos de mettre différens degrés à ces peines en les prononçant plus légères pour la première contravention, plus sévères pour la seconde, et en ne faisant porter toute la rigueur de la loi que contre la troisième contravention, qui ne peut mériter ni excuse, ni compassion : et Nous prenons en même temps, les précautions les plus exactes, pour reconnaître malgré leurs artifices et leurs déguisements, ceux qui étant arrêtés pour une seconde fois, voudraient cacher leur première détention. Nous espérons par ces justes mesures et par la fermeté que Nous apporterons à l'exécution de notre présente Déclaration, de faire cesser enfin un si grand désordre, distinguer le véritable pauvre qui mérite tout secours et compassion, d'avec celui qui se couvre faussement de son nom pour lui voler sa subsistance et de rendre utiles à l'Etat un grand nombre de citoyens qui lui avaient été à charge jusqu'à présent. A ces causes et autres à ce Nous mouvant, de l'avis de notre Conseil et de notre science, pleine puissance et autorité royale, Nous avons dit, déclaré et ordonné, et par ces présentes signées de notre main, disons, déclarons et ordonnons, voulons et Nous plait ce qui suit :

I

Enjoignons à tous mendians, tant hommes que femmes, valides et capables de gagner leur vie par leur travail, de prendre un emploi pour subsister de leur travail, soit en se mettant en condition pour servir, ou en travaillant à la culture des terres ou autres ouvrages ou

métiers dont ils peuvent être capables et ce dans quinzaine du jour de
la publication de la présente déclaration. Enjoignons pareillement aux
mendians invalides ou qui par leur grand âge sont hors d'état de
gagner leur vie par leur travail, même aux enfans, nourrices et femmes
grosses qui mendient faute de moyen de subsister, de se présenter
pendant le dit temps, dans les hôpitaux les plus prochains de leur
demeure, où ils seront reçus gratuitement et employés au profit des
hôpitaux à des ouvrages proportionnés à leur âge et à leurs forces
pour fournir du moins en partie à leur entretien et à leur subsistance ;
et à l'égard du surplus, dans les cas où les revenus des hôpitaux ne
seraient pas suffisants, Nous fournirons les secours nécessaires à cet
effet

II ·

Et pour ôter tout prétexte aux mendians valides qui voudraient
excuser leur fainéantise et leur mendicité, sur ce qu'ils n'ont pas pu
trouver de travail pour gagner leur vie, Nous permettons à tous mendians valides qui n'auront point trouvé d'ouvrage dans ledit délai de
quinzaine, de s'engager aux hôpitaux qui au moyen du dit engagement
seront tenus de leur fournir la subsistance et l'entretien. Ces engagés
seront distribués en compagnies de vingt hommes chacune, sous le
commandement d'un sergent qui les conduira tous les jours à l'ouvrage, et sans la permission duquel ils ne pourront s'absenter ; ils
seront employés aux ouvrages des ponts et chaussées ou autres travaux
publics, et autres sortes d'ouvrages qui seront jugés convenables :
leurs journées seront payées entre les mains du sergent au profit de
l'hôpital, sur le pied qui aura été convenu avec les Directeurs, qui
leur donneront toutes les semaines une gratification sur le montant de
leurs journées, qui sera au moins du sixième du produit, et même un
peu plus forte, s'ils se sont bien acquittés de leur travail. Si quelqu'un
des dits engagés trouve dans la suite un emploi pour subsister, les
Directeurs pourront, en connaissance de cause, lui accorder son congé ;
ils l'accorderont pareillement à ceux qui voudront entrer dans nos
troupes ; et ceux desdits engagés qui quitteront le service des dits
hôpitaux sans congé, ou pour aller servir ailleurs, ou pour reprendre

leur premier état de fainéantise et mendicité seront poursuivis extra-
ordinairement et condamnés en cinq années de galère.

III

Voulons en conséquence, qu'après ledit délai de quinzaine expiré,
les hommes et femmes valides qui seront trouvés mendians dans notre
bonne ville de Paris et autres villes et lieux de notre Royaume, même
les mendians ou mendiantes invalides, et enfans soient arrêtés et conduits dans les hôpitaux généraux les plus proches des lieux où ils
auront été arrêtés, et dans lesquels les mendians invalides seront
nourris pendant leur vie, les enfans jusqu'à ce qu'ils aient atteint
l'âge suffisant pour gagner leur vie par leur travail ; et à l'égard des
femmes grosses et des nourrices, elles seront gardées pendant le
temps qui sera jugé convenable par les directeurs des dits hôpitaux.
Quant aux hommes et femmes valides, ils seront renfermés et nourris
au pain et à l'eau pendant le temps qui sera jugé à propos par les
directeurs et administrateurs des dits hôpitaux, qui ne pourra être
moindre de deux mois ; et au cas qu'ils seraient arrêtés une seconde
fois mendiant, soit dans les mêmes lieux où ils auront été arrêtés ou
renfermés, soit en quelques autres lieux de notre Royaume, les invalides seront retenus dans les dits hôpitaux pendant leur vie, pour y
être nourris, et les hommes et les femmes valides condamnés par les
officiers ci-après nommés, à être renfermés dans les dits hôpitaux,
pour le temps et espace de trois mois au moins et en outre, marqués
avant leur élargissement, d'une marque en forme de la lettre M au
bras, et ce dans l'intérieur de la prison ou de l'hôpital, sans que cette
marque porte infamie. Et au cas que les uns ou les autres soient arrêtés mendiant une troisième fois, en quelque lieu que ce puisse être,
les femmes valides soient condamnées par les officiers ci-après nommés
à être enfermées dans les hôpitaux généraux pendant le temps qui
sera jugé convenable, qui ne pourra être moindre de cinq années,
même à perpétuité, il y échet, et les hommes valides aux galères pour
cinq années au moins ; et à l'égard des hommes et femmes invalides et
hors d'état de travailler, ils seront retenus dans les dits hôpitaux, pour

être, les hommes et femmes invalides, nourris et alimentés pendant leur vie, et employés au profit de l'hôpital aux ouvrages dont ils pourraient être capables, en égard à leur âge et leurs infirmités.

IV

Permettons à ceux des dits mendians qui voudront se retirer dans le lieu de leur naissance ou domicile, de se présenter dans ledit temps de quinzaine à l'hôpital général le plus prochain du lieu où ils sont actuellement, où leur sera donné un congé ou passeport qui fera mention de leur nom, surnom, âge, naissance et domicile, de leur signalement et des principaux lieux de leur route, ensemble du lieu où ils voudront se retirer, dans lequel ils seront tenus de se rendre dans un délai qui ne pourra être plus long que celui qui est nécessaire pour faire le voyage à raison de quatre lieues par jour, dont sera fait mention dans le congé ou passeport qu'ils seront tenus de faire viser par les officiers municipaux de tous les lieux où ils passeront ; moyennant quoi et pendant ledit temps seulement, ils ne pourront être inquiétés ni arrêtés, pourvu qu'ils ne soient pas trouvés attroupés en plus grand nombre que celui de quatre, non compris les enfans.

V

Et pour connaître plus facilement ceux qui auront déjà été arrêtés une première fois, ou contre lesquels, il y aurait d'ailleurs des plaintes ou autres faits qui méritent d'être approfondis, Nous voulons et ordonnons qu'il soit établi en l'Hôpital général de Paris, un bureau général de correspondance avec tous les autres hôpitaux du Royaume. On y tiendra un registre exact de tous les mendians qui seront arrêtés, contenant leurs noms, surnoms, âges et pays, ainsi qu'il aura été par eux déclaré, avec les autres circonstances principales, qu'on aura pu tirer de leurs interrogatoires et les principaux signalements de leurs personnes, et tous les hôpitaux de Province tiendront un pareil registre des mendians amenés en leur maison, dont ils enverront une copie toutes les semaines au bureau général établi à Paris, sur lesquelles copies, on formera au bureau de Paris un registre général de tous les mendians arrêtés dans toute l'étendue du Royaume, sur lequel on portera au nom de chaque mendiant les notes et observations résultantes de leurs interrogatoires, et ce que l'on aura pu découvrir à leurs sujet dans les copies des registres des autres hôpitaux. On y tiendra aussi un registre alphabétique du nom de tous lesdits mendians ; on fera imprimer à la fin de chaque semaine, la copie de ce qui aura été porté pendant le cours de la semaine sur le registre général et sur le registre alphabétique, et il en sera envoyé un imprimé à chacun des hôpitaux du Royaume, ensemble à tous les officiers de police et de maréchaussée ; au moyen de quoi, chaque hôpital ayant les renseignements nécessaires des mendians arrêtés dans toute l'étendue du Royaume, on démêlera facilement ceux qui ayant été arrêtés pour une première fois, auront été mendier dans d'autres Provinces, dans l'espérance de n'y être pas reconnus, ou ceux contre lesquels il y aura d'autres sujets de plainte qui méritent un châtiment plus sévère.

VI

Les mendians qui seront arrêtés, demandant l'aumône avec insolence, ceux qui se diront faussement soldats, qui sont porteurs de congés qui ne seraient pas véritables, ceux qui, lorsqu'ils auront été arrêtés et conduits à l'hôpital, auront déguisé leurs noms et surnoms, et le lieu de leur naissance, ensemble ceux qui seront arrêtés contrefaisant les estropiés, ou qui feindroient des maladies qu'ils n'auroient pas ; ceux qui se seroient attroupés au-dessus du nombre de quatre, non compris les enfans, soit dans les villes ou dans les campagnes, ou qui auroient été trouvés armés de fusils, pistolets, épées, bâtons ferrés ou autres armes, et ceux qui se trouveroient flétris d'une fleur de lys, ou de la lettre V ou autre marque infamante, seront condamnés, quoique arrêtés mendiant pour la première fois, scavoir : les hommes valides aux galères, au moins pour cinq années, et à l'égard des femmes ou des hommes invalides, au fouet dans l'intérieur de l'hôpital, et à une détention à l'hôpital général, à temps ou à perpétuité, suivant l'exigence des cas, laissant au surplus à la prudence des juges de prononcer de plus grandes peines, s'il y échet.

VII

Le procès sera fait aux dits mendians en cas qu'il échet de prononcer la marque pour la première récidive, ou en cas de la seconde récidive ou de l'article précédent, scavoir: s'ils sont arrêtés dans les villes où il y a des lieutenans généraux de police établis, fauxbourgs et banlieues d'icelles, par lesdits lieutenans généraux de police ; et en cas d'absence, maladie ou autre légitime empêchement, le procès leur sera fait et parfait dans notre bonne ville de Paris par l'un des lieutenans particuliers au Châtelet, et dans les autres villes par les lieutenans criminels, sur le procès-verbal de capture et affirmation d'icelui, par voie d'information, ou sur la déposition de deux témoins, extrait des registres des hôpitaux pour ceux qui y auroient été enfermés, ensemble sur les interrogatoires des accusés, récollement et confrontation, et seront les condamnations prononcées en dernier ressort et sans appel, par lesdits officiers, assistés des autres officiers des siéges présidiaux, bailliages ou sénéchaussées royales du lieu de leur établissement, au nombre de sept, et ce conformément aux Déclarations du 16 avril 1685, 10 février 1699, 25 juillet 1700 et 27 avril 1701. Enjoignons à nos lieutenant criminels de robe-courte, et chevalier du guet de notre bonne ville de Paris, prévot de l'Isle de France, et autres officiers et généralement à tous nos prévot et officiers de maréchaussée et archers, commissaires, huissiers et autres officiers de police, officiers et archers des hôpitaux, de faire recherche et perquisition desdits mendiants et vagabonds, d'arrêter et faire arrêter tous ceux de la qualité ci-dessus exprimés, tant dans les villes que dans les campagnes, grands chemins, fermes, et autres lieux, et de prêter main-forte auxdits lieutenans généraux de police, et aux archers des pauvres. Enjoignons auxdits archers et huissiers d'exécuter ce qui leur sera ordonné pour l'exécution de la présente Déclaration.

VIII

Pourront aussi, le lieutenant criminel de robe-courte de notre bonne ville de Paris, ensemble les prévots généraux de mes cousins les maréchaux de France et leurs lieutenans, instruire les procès des dits mendians et vagabonds qu'ils auront arrêtés dans les villes et lieux où il y aurait des lieutenans généraux de police, fauxbourgs et banlieues d'icelles, et les juger aussi en dernier ressort, pourvu qu'ils aient décrété avant lesdits lieutenans généraux de police, à la charge de faire juger leur compétence, et de satisfaire aux autres formalités prescrites par les Ordonnances, et de se faire assister des officiers des sièges présidiaux, bailliages ou sénéchaussées royales, au nombre de sept au moins ; et en cas de contestation pour raison de la compé-tence entre lesdits lieutenans généraux de police d'une part et le lieu-tenant criminel de robe-courte de notre bonne ville de Paris, ou les prévots de nos cousins les maréchaux de France, ou leurs lieutenans d'autre, elles seront réglées par nos cours de Parlement, sans que lesdits officiers ni lesdits accusés puissent se pourvoir au Grand-Conseil, ni ailleurs, comme il est porté par la Déclaration du 27 août 1701 et à l'égard de ceux que lesdits prévots ou lieutenans, officiers ou archers arrêteront dans les villes où il n'y aurait point de lieutenant général de police établi, ou dans les campagnes, grands chemins, fermes ou autres lieux, lesdits prévots ou lieutenants pourront ins-truire leurs procès et les juger en dernier ressort avec les officiers du plus prochain présidial ou principal siège royal en la manière et avec les formalités accoutumées, suivant et conformément à ladite Décla-ration du 25 juillet 1700.

IX

N'entendons comprendre dans les articles précédens, en ce qui con-cerne la juridiction du lieutenant général de police et lieutenant cri-minel de robe-courte de notre bonne Ville de Paris, les mendians et vagabonds de la qualité ci-dessus marquée, qui seront arrêtés dans les cours, salles et galeries de notre Palais à Paris, contre lesquels, il sera procédé par le lieutenant général au bailliage dudit Palais, aussi en dernier ressort et sans appel, en la forme ci-dessus prescrite, et avec le nombre de sept juges au moins.

X

Faisons défenses à toutes sortes de personnes de troubler directement ou indirectement nos dits officiers, ni les officiers et archers des hôpitaux généraux, lorsqu'ils arrêteront lesdits mendians et vagabonds; et en cas de rébellion, soit par eux ou par autres qui leur donneraient asile et protection pour empêcher qu'on ne les arrête, il sera procédé contre les coupables et le procès leur sera fait et parfait suivant la rigueur des Ordonnances.

XI

Voulons qu'au cas que ceux qui seront arrêtés comme contrevenans à la présente Déclaration, se trouvent accusés d'autres crimes qui ne soient pas de la compétence des lieutenans généraux de police, et autres officiers ci-dessus nommés, ils soient tenus d'en délaisser la connaissance aux juges qui en doivent connaître suivant nos Ordonnances, à la charge néanmoins par les dits juges, de prononcer contre les accusés qui auroient contrévenu à la présente Déclaration, les peines portées par icelle, au cas qu'il n'échet pas de prononcer contre eux de plus grandes peines.

XII

N'entendons néanmoins que sous prétexte de la présente Déclaration, il puisse être apporté aucun trouble ou obstacle aux habitants de nos pays de Normandie, Limousin, Auvergne, Dauphiné, Bourgogne et autres, même des pays étrangers, qui ont accoutumé de venir, soit pour faire la récolte des foins ou des moissons, ou pour travailler ou faire commerce dans nos villes et autres lieux de notre Royaume. Défendons aux prévôts de nos cousins les maréchaux de France, leurs officiers et archers et à tous autres, d'apporter aucun empêchement à leur passage, notre intention étant qu'il ne soit apporté aucun trouble à tous nos sujets, même aux étrangers qui viendront pour travailler dans les villes ou provinces de notre Royaume, ni à toutes autres personnes allant et venant dans nos dites provinces, s'ils ne sont trouvés mendiant contre les défenses portées par notre présente Déclaration.

Donné à Chantilly le 18 juillet, l'an de grâce 1724 et de notre règne le 9. — *Signé :* Louis (1).

----

(1) Recueil des édits et déclarations du roi, tome III page 449 (Bibliothèque de Besançon).

RÈGLEMENTS DES ATELIERS DE CHARITÉ

A BESANÇON

Conditions pour l'établissement d'une manufacture de toile de lin et de coton rayé et à carreaux dans l'hôpital des mendiants à Besançon, en 1760 (1).

1° Georges Crevell Desmottes, maitre teinturier et fabricant en toile de lin et de coton, natif de Touteville, province de Normandie, s'oblige envers M. de Boynou, Premier Président du Parlement et intendant de Franche-Comté, tant en son nom qu'en celui de sa femme et du nommé Antoine Crevell, son neveu, d'établir incessamment à l'hôpital de Bellevaux des métiers pour la fabrique des toiles de lin et de coton et de siamoise de toute espèce conforme aux échantillons qui seront joints et demeureront annexés au présent marché.

2° Le sieur Desmottes, sa femme et son neveu, apprendront à filer et à vuider le coton et le lin aux jeunes filles et femmes qui seront détenues dans ce dit hôpital et à toutes celles qui pourront y ètre placées pour apprendre la filature.

3° Il apprendra également la fabrication et la teinture aux sujets qui y paraitront propres soit qu'ils soient détenus dans cet hôpital ou qu'ils y soient envoyés du dehors.

4° En attendant qu'il ait pu former un nombre suffisant d'ouvriers pour ne s'occuper que de la direction du travail, le sieur Desmottes ainsi que sa femme et son neveu travailleront tant à la fabrication qu'à la préparation des matières et à la teinture, et le sieur Desmottes

____

(1) Archives départementales. C. 32.

donnera tous ses soins pour perfectionner son neveu dans cette dernière manœuvre.

5° Il lui sera fourni aux frais de l'hôpital toutes les matières pour la fabrication ; les drogues pour la teinture et tons, les mestiers et (travail) nécessaires. Le sieur Desmottes ne devant, ainsi que sa femme et son neveu, ne fournir que leur travail et industrie au moyen de quoi tout ce qui sera fabriqué soit par eux ou par les autres ouvriers qui pourront être formés, sera vendu au profit du dit hôpital, sans que le sieur Desmottes ni sa femme ou son neveu puissent rien prétendre au delà de ce qui sera dit et exposé, ni travailler à Besançon pour aucun autre que pour le dit hôpital.

6° On remettra au dit sieur Desmottes et sur son récépissé, les cotons en laine et les lins en masse pour les faire filer, soit dans l'intérieur du dit hôpital, ou par des fileuses en dehors, et il rendra compte de ces matières après qu'elles auront été filées pour être mises en dépôt jusqu'à la fabrication, dans le magasin qui sera destiné à cet effet.

7° Il en sera de même pour les fils de coton et de lin qui lui seront pareillement remis pour la fabrication sur son récépissé et dont il rendra compte après la fabrication, tant pour ce qu'il fabriquera lui-même que pour ce qui sera fabriqué par son neveu et les autres ouvriers et les toiles qui auront été fabriquées seront mises en réserve dans un magasin destiné à cet effet jusqu'à ce qu'elles puissent être vendues au profit de l'hôpital.

8° Le sieur Desmottes promet d'apporter dans tout le travail dont il sera chargé tous les soins d'un bon père de famille et comme s'il travaillait pour son compte particulier.

9° Il sera nourri, logé, chauffé et éclairé avec sa femme et son neveu dans ledit hôpital et il leur sera donné en outre, et pour appointement, une somme de 400 livres par chaque année et l'intendant se réserve d'accorder au sieur Desmottes des gratifications en proportion de l'augmentation du travail et du profit que le sieur Desmottes procurera au dit hôpital.

10° Le sieur Desmottes sera obligé, ainsi que sa femme et son neveu, de se rendre dans ledit hôpital les jours de fête et de dimanche aux heures réglées pour les repas et d'y rentrer le soir à l'heure de la retraite au plus tard, sans pouvoir en sortir après la retraite.

11° On fera faire le transport, sans qu'il en coûte rien au sieur Desmottes, des métiers, chaudières et ustensiles qu'il a actuellement à Epinal en Lorraine et le prix lui en sera payé suivant l'estimation qui sera faite à Besançon par les experts que M. l'intendant jugera à propos de nommer.

12° Il sera donné au sieur Desmottes, d'abord après la signature du présent marché, accompte du prix de ses métiers et ustensiles une somme de 500 livres pour payer ce qu'il doit à Epinal et le surplus après l'estimation qui sera faite à Besançon desdits métiers et ustensiles.

Conditions pour l'établissement d'une manufacture de toiles de lin et de coton rayés et à carreaux, dans l'hôpital des mendiants à Besançon, en 1761 (1).

1° Le sieur Claude Jacquemard, maître teinturier et fabricant en toiles de lin et de coton, natif de Troyes, province de Champagne, s'oblige envers M. de la Coré intendant de Franche-Comté, tant de travailler dans la manufacture moyennant la somme de 400 livres par année, à commencer du 15 septembre de la présente année et d'être nourri à la table du concierge, d'avoir trois broquets de vin par repas, savoir aux diners et soupers et un broquet à déjeuner, d'être chauffé, logé, éclairé et blanchi, lorsqu'on fera la lessive à la maison.

2° Le sieur Jacquemard, au moyen des traitements ci-dessus, sera obligé de teindre toutes les matières quelconques, qu'on lui remettra en rouge de Rouen, bleu des Indes, bon teint, solide, résistant au débouilli, ainsi que les autres couleurs de petit teint, en lui fournissant les drogues dont il rendra bon et fidèle compte et se conformera aux arrêts et réglements concernant la teinture, lesquels secrets il sera tenu d'enseigner aux apprentis qu'on lui donnera, et faute par le sieur Jacquemard de satisfaire à cette dernière condition, il lui sera retenu sur ses appointements telle somme qu'il sera trouvé convenir.

____

(1) Archives départementales. C. 82.

3° Il travaillera à la fabrication des toiles et montrera bien fidèlement à travailler aux différents ouvriers et ouvrières qu'on entend former dans cette maison, soit à ourdir et tramer des toiles unies, façonnées, rayées et à carreaux de divers échantillons de fil, fil et coton et coton, ainsi que les aprêts et encollages propres à chaque espèce, comme aussi des futaines, des étoffes moitié laine et fil et tricots sous la même condition portée ci-dessus, de rendre un fidèle compte des matières qui lui seront données pour être fabriquées.

4° Il sera permis au sieur Jacquemard d'apprendre à travailler à sa fille, bien entendu que ni les uns ni les autres ne pourront travailler en dehors de la maison.

5° Ils ne pourront sortir que les fêtes et dimanches à charge de se trouver aux heures fixées pour les repas et d'y rentrer pour les huit heures du soir, au cas où ils voulussent manger en ville.

6° Le sieur Jacquemard ainsi que sa fille ne fourniront que leur travail et industrie au moyen de quoi tout ce qui sera fabriqué, soit par eux ou par les autres ouvriers qui pourront être formés, sera vendu au profit dudit hôpital sans que le sieur Jacquemard ni sa fille puissent rien prétendre au-delà de ce qui a été dit dans l'article premier.

7° On remettra au sieur Jacquemard sur son récépissé les cotons en laine et les lins en masse pour les faire filer, soit dans l'intérieur dudit hôpital ou par des fileuses du dehors, et il rendra compte des dites matières après qu'elles auront été filées pour être mises en dépôt jusqu'à la fabrication, dans le magasin destiné à cet effet.

8° Il en sera usé de même pour les fils de coton et de laine qui lui seront pareillement remis pour la fabrication, sur son récépissé, et dont il rendra compte après la fabrication tant pour ce qu'il fabriquera lui-même que pour ce qui sera fabriqué par sa fille et les autres ouvriers et les toiles qui auront été fabriquées seront remises au directeur de la maison pour être mises en magasin jusqu'à ce qu'elles puissent être vendues au profit de l'hôpital.

9° Le sieur Jacquemard promet aussi d'apporter dans tout le travail dont il sera chargé les soins d'un bon père de famille et comme s'il travaillait pour son compte particulier.

10° Le sieur Jacquemard ne pourra recevoir aucun ouvrage pour être fabriqué pour des personnes, soit de la ville, soit étrangers, sans qu'au préalable le sieur directeur de la dite maison en soit informé et que les dits ouvrages ne soient inscrits sur un registre paraphé à cet effet, en la présence du sieur directeur ou d'un commis et préposé de sa part en cas d'empêchement, et en cas de non exécution de la présente clause, le sieur Jacquemard se soumet de supporter tel dédommagement qu'il sera trouvé convenir envers le dit hôpital.

RÈGLEMENT DU PARLEMENT

POUR LA SUBSISTANCE DES PAUVRES MENDIANTS

1693. — *Arrêt du parlement portant réglementation des mesures propres à héberger les pauvres et à éteindre la mendicité dans la province (16 novembre 1693) (1).*

Sur ce qui a été représenté à la Cour par le procureur-général du roy, que la déclaration de Sa Majesté qui a ordonné qu'il feroit établir des hôpitaux généraux dans tous les lieux considérables n'ayant pas été exécutée dans tout le royaume, les hôpitaux qui ont été établis sont accablés du nombre des pauvres qui y viennent des autres endroits, et plus encore cette année dans laquelle la récolte n'a pas été également bonne dans toutes les provinces ; les gueux et les mendiants qui embrassent cette vie, moins par nécessité que par libertinage et fainéantise, prennent ce prétexte pour continuer leurs dérèglements et apportent beaucoup d'incommodité, particulièrement dans la campagne ; à quoi il a supplié la Cour de pourvoir, suivant les conclusions qu'il en a prises.

La dite Cour, délibérant sur les dites conclusions, ledit procureur général retiré, et en attendant les ordres que le roy fera très humblement, supplie de donner pour l'établissement des hôpitaux généraux a ordonné et ordonne par provision :

Que tous les pauvres mandians, et qui ne sont point en état présentement de gagner leur vie, seront tenus de se retirer dans la paroisse dont ils sont natifs, un mois après la publication du premier arrêt.

---

(1) Bibliothèque de Besançon. liasse d'archives n° 63.

Leur fait défense de vaguer et de demander l'aumône après le dit temps passé, à peine d'être, tant les hommes que les femmes, enfermés pendant huit jours dans les prisons les plus prochaines et attachés au carcan, sur le procès-verbal des officiers qui les auront arrêtés. et en cas de récidive, des galères pendant trois ans contre les hommes valides et les garçons au-dessus de treize ans, et du fouet et du carcan à différens jours de marchés contre les estropiés et les femmes qui ne seront point grosses ; et du fouet. en cas de récidive, contre les garçons au-dessus de douze ans, qui seront en état de faire quelque travail. Fait très expresses défenses à toutes personnes de leur donner retraite plus d'une seule nuit, à peine de dix livres d'amende, même de plus grande, s'il y échet.

Ordonne que ceux qui les trouveront estropiés ou attaqués de maladies qui paraîtront incurables, seront conduits dans les hôpitaux généraux les plus prochains ; enjoint aux administrateurs de les y faire recevoir sur les certificats des curés et des juges et procureurs fiscaux des dites paroisses et de les faire nourrir et traiter comme les autres pauvres.

Que dans les villes où il y a plusieurs paroisses, les curés, les marguilliers en charge, les anciens et les plus notables habitants de chacune des dites paroisses. s'assembleront le premier dimanche après la publication du présent arrêt pour pourvoir, ainsi qu'ils le jugeront le plus à propos, à la subsistance de tous ceux de la paroisse qu'ils jugeront en avoir besoin. depuis le 1er décembre prochain jusqu'au 1er juillet de l'année suivante 1694, et à cet été qu'ils en feront un rôle, ensemble de la somme qui sera nécessaire pour la subsistance des dits pauvres ; sauf à augmenter ou diminuer suivant le prix du pain, et de ce que chacun des autres habitants de la paroisse y devra contribuer selon ses facultés, en cas que par sa bonne volonté il ne fasse pas des offres raisonnables dans la dite assemblée.

Que dans les autres villes où il n'y a qu'une paroisse, et dans les bourgs et les villages, les juges feront en présence du curé. du procureur fiscal. du syndic et de deux habitants qui seront nommés par les autres à la sortie de la grande messe, le premier dimanche après la réception du présent arrêt, un rôle de ceux qui ont besoin d'assistance. à cause de leur âge, de leurs infirmités et du trop grand nombre d'enfans dont ils sont chargés; lesquels rôles pourront être augmentés dans la suite, en cas de mort et de maladie des pères de famille ou d'autres accidens; et de la somme à laquelle pourra monter le pain, ou autre secours qui sera jugé absolument nécessaire pour leur subsistance, depuis ledit jour premier décembre prochain, jusqu'au premier juillet inclusivement.

Que par provision et sans tirer à conséquence, toutes personnes, tant ecclésiastiques que séculiers, tous corps et communautés séculières et régulières, ayans du bien dans lesdites paroisses, à la réserve des hôpitaux où l'hospitalité est actuellement exercée, et des curés qui reçoivent la portion congrue, contribueront au payement de ladite somme; sçavoir, ceux qui ne payent point l'imposition royale au sol la livre, des deux tiers de ce qu'ils possèdent de bien affermé dans lesdites paroisses : et pour ce qui est des biens qui ne sont pas affermés, suivant la même qualité des deux tiers de baux expirés depuis trois ans; et s'il ne s'en trouve point suivant l'estimation qui en sera faite par les susnommés, le plus équitablement qu'il leur sera possible; et à l'égard de ceux qui sont compris dans l'imposition royale, autres que ceux qui y sont employés comme pauvres; par proportion la plus équitable qu'il se pourra de leurs biens et des sommes pour lesquelles ils sont cottisés dans les rôles desdites impositions.

Que tous ceux qui seront compris dans les rôles qui seront faits pour la subsistance des pauvres, leurs fermiers, même les fermiers judiciaires pour les terres saisies, seront tenus de payer leurs cottes de quinze jours en quinze jours et par avance, entre les mains de celuy qui aura été nommé par ceux qui auront fait les rôles; et les quittances qui seront rapportées des payements seront allouées aux fermiers sur le prix de leurs fermes; même à l'égard des fermiers judiciaires, les commissaires aux saisies réelles, tenus d'en recevoir les quittances qui leur seront allouées dans la dépense de leurs comptes. Et à faute par ceux qui auront été ainsi taxés, de payer précisément et dans ledit temps, qu'ils y seront contrains, en vertu desdits rôles et même au payement du double, dans la quinzaine suivante.

Les rôles signés par le juge, seront exécutoires sans aucune formalité par le premier sergent de la justice qui sera tenu de faire toutes

12

les exécutions dont il sera chargé par le receveur étably, à peine d'interdiction.

Dans toutes lesdites villes et autres lieux, ceux qui auront fait les rôles s'assembleront tous les dimanches à l'issue des vêpres durant ledit temps, pour adjuger au moins-disant la fourniture de pain qui sera donnée, et pourvoir à tout ce qui regardera la subsistance des pauvres et l'exécution desdits rôles.

S'il y a quelques plaintes des cotisations, elles seront portées au lieutenant général du siège royal, principal de la province ; après néanmoins que la somme à laquelle montera la cottisation pendant six semaines aura été payée entre les mains du receveur, et en rapportant la quittance.

Ledit lieutenant général y pourvoira par une simple ordonnance qui sera rendue sur les conclusions du substitut du procureur général du roy, dans la huitaine après que la requête luy aura été signifiée, ou au procureur fiscal de la paroisse où la cottisation aura été faite, lequel envoyera audit substitut du procureur général du roy du siège principal l'instruction qui sera jugée nécessaire par ceux qui auront fait ladite cotte, pour y défendre.

Et en cas qu'il soit interjetté appel en la cour, de l'ordonnance du juge qui aura confirmé la cotte ; l'appel n'y pourrra être reçu qu'après que l'appelant aura payé six mois de ladite taxe, dont il rapportera la quittance ; et le substitut du procureur général du roy audit siège luy envoyera les mémoires qui luy auront été adressés en première instance, pour défendre sur l'appel.

Enjoint à tous pauvres valides de travailler toutes les fois qu'il se présentera occasion de le faire : fait très expresses défenses de leur donner aucune subsistance, lorsqu'il y aura des ouvrages sur les lieux auxquels ils pourront gagner suffisamment de quoi vivre.

Ordonne qu'autant qu'il sera possible, il sera donné dans chaque lieu aux femmes et enfants le moyen de travailler, à la charge de rendre sur le provenu de leur travail, le prix des filasses et autres choses qu'on leur aura fournis pour cet effet.

Enjoint à tous officiers de justice de faire, chacun en droit soy, tout ce qui sera nécessaire pour l'exécution du présent arrêt, sans frais ; et à tous les substituts du procureur général du roy dans les

bailliages du ressort de le faire publier, afficher et registrer partout
où besoin sera; même d'en envoyer des copies dans toutes les juridic-
tions et justices de leurs dépendances, et de certifier incessamment la
Cour des diligences qu'ils y auront faites.

Fait en Parlement, les Chambres assemblées, le seizième de novembre
: il six cens quatre-vingt-treize. — *Signé:* JOBELOT.

TABLE DES MATIÈRES

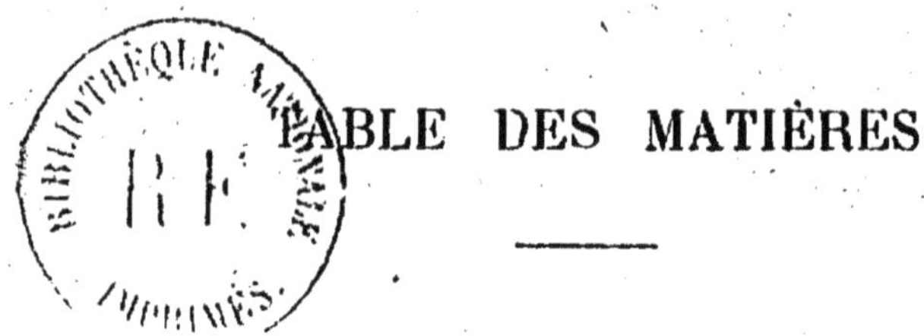